东方
文化符号

六朝石刻

薛巍 著

江苏凤凰美术出版社

图书在版编目（CIP）数据

六朝石刻 / 薛巍著. —— 南京：江苏凤凰美术出版社，2024.1
（东方文化符号）
ISBN 978-7-5741-1250-6

Ⅰ.①六… Ⅱ.①薛… Ⅲ.①石刻-介绍-江苏-六朝时代 Ⅳ.①K877.4

中国国家版本馆CIP数据核字（2023）第164417号

责 任 编 辑	郁周凌平
设 计 指 导	曲闵民
摄　　　 影	邵世海　冯方宇等
责 任 校 对	舒金佳
责 任 监 印	张宇华
责任设计编辑	赵　秘

丛 书 名	东方文化符号
书　　名	六朝石刻
著　 者	薛　巍
出 版 发 行	江苏凤凰美术出版社（南京市湖南路1号　邮编：210009）
制　　 版	南京新华丰制版有限公司
印　　 刷	盐城志坤印刷有限公司
开　　 本	889mm×1194mm　1/32
印　　 张	5
版　　 次	2024年1月第1版　2024年1月第1次印刷
标 准 书 号	ISBN 978-7-5741-1250-6
定　　 价	88.00元

营销部电话　025-68155675　营销部地址　南京市湖南路1号
江苏凤凰美术出版社图书凡印装错误可向承印厂调换

目录

前言 …………………………………………… 1

第一章　烟雨山色话六朝 ………………… 5
　第一节　潮生金陵邑 ……………………… 5
　第二节　人老建康城 ……………………… 10

第二章　江南陵阙草连空 ………………… 20
　第一节　墓葬风俗的变迁 ………………… 22
　第二节　被神话的石兽 …………………… 27
　第三节　石柱及其他 ……………………… 35
　　一、石柱 ………………………………… 35
　　二、石碑 ………………………………… 39
　　三、石阙 ………………………………… 41

第三章　六朝石刻细说 …………………… 43
　第一节　刘宋烟雨，寂寞陵阙 …………… 45
　　一、刘裕与初宁陵石刻 ………………… 45
　　二、存疑：长宁陵石刻？ ……………… 47

第二节　齐梁悲歌，帝王故里 …………… 49
　　　一、水经山下的南齐帝陵石刻 …………… 51
　　　二、三城巷的萧梁帝陵石刻 ……………… 71
　　　三、以甘家巷为中心的萧梁王侯墓石刻 …… 86
　　　四、其他可考的萧梁王侯墓石刻 ………… 108
　　　五、失考和散佚的石刻 …………………… 117
　　第三节　陈朝天子，帝陵疑云 …………… 134

第四章　辉煌灿烂的六朝石刻艺术 ………… 138
　　第一节　六朝石刻艺术的形成 …………… 138
　　第二节　六朝石刻的艺术特色 …………… 140
　　第三节　六朝石刻与域外文明 …………… 143

第五章　六朝石刻的保护与传承 …………… 147

后　记 …………………………………………… 152

前　言

　　江苏省会南京市的东郊，是连绵起伏的宁镇山脉，宛如长蛇盘旋，与北面的长江相伴而行。
　　狮子冲，正是这青山丛中一个不起眼的山坳。
　　山脚下，有两只神态俊美的石麒麟，守卫着一座神秘的陵墓。
　　麒麟是六朝帝陵前特有的石刻。也就是说，它们的出现，意味着这座陵墓必然是帝王规格的。
　　帝陵的主人是谁？
　　很长一段时间，这对麒麟被命名为"永宁陵石刻"。永宁陵，是陈文帝陈蒨的陵墓。他生于520年，死于566年。
　　时间到了2013年。在一次考古发掘中，奇迹发生了——
　　从狮子冲古墓中出土了2块用来记录年号的砖头，其中一块上面刻着"普通七年"，另一块上面刻着"中大通贰年"。它们对应的公元纪年，分别是526年和530年。

疑似陈文帝永宁陵石兽（摘自《老照片·南京旧影》，南京出版社2012年版）

年号，是中国古代皇帝用来记录时间的一种符号。

一个皇帝在位期间，至少有一个年号，多的有十几个。"普通"和"中大通"都是六朝时期梁武帝萧衍的年号。

这2块记录着确切时间的砖头，在陈蒨还是孩童时就已烧制完成，并且安放在狮子冲的墓地里了。

显然，墓主另有其人。

考古学家认为，他就是萧衍的长子、昭明太子萧统。

昭明太子是中国历史上一位著名的人物，他热爱文学，主持编纂了中国第一部诗文总集《文选》。萧统死后，被追尊为"昭明皇帝"。因此，他的墓地是按照帝陵级别来营建的。

墓前那对石麒麟，便是两名无言的"证人"。

通常来说，石刻是指在石头上雕刻文字和图像，以及直接用石材雕塑造像。

中国石刻的历史可以追溯到新石器时代。

在商代的都城遗址殷墟，就出土过最早的雕像石刻。到了秦和汉代，皇帝们往往驱使几万人，为自己建造高大如山的陵墓。所以，位高权重的皇帝死亡也被比喻为"山陵崩"——像山一样崩塌了。

在这样的陵墓前，修建着长长的神道，两旁竖立着高大的石刻，非常气派。以至于唐代人封演感慨地说："那些秦汉的皇帝王侯，在自己的陵墓前竖立着神气的石麒麟和石辟邪；而大臣们的墓前，竖立的是规格小一些的石羊和石虎。它们就像仪仗队一样，忠心耿耿地守卫着墓中的主人。"

这股风气，也刮到了六朝。

从公元3世纪初到6世纪末，中国南方的孙吴、东晋和宋、齐、梁、陈六个朝代，先后建都于今天的南京。所以，历史上称南京为"六朝古都"。

六朝时期，除了西晋短暂统一了中国之外，绝大多数时间处于南北分治的状态。相比于战乱频仍的北方，南方地区相对安定，经济、文化、宗教、艺术和科技均得到长足发展，造就了上承秦汉、下启唐宋的六朝文化，与同时期的古罗马文化交相辉映。

六朝石刻，主要是指雕刻于这一时期、竖立在皇帝和王侯陵墓前的神道石刻。它们全部位于江苏境内，其中年代最早的距今已有 1500 年。

虽然经过上千年时光的冲刷，承受着风雨雷电的击打，这些散落在江苏大地上的人间瑰宝，至今仍有着无穷的魅力，令人景仰赞叹、流连忘返。

第一章　烟雨山色话六朝

提到"六朝",浮现在人们脑海中的或许是这样一种景象——

游牧民族军队在北方往来厮杀,血流成河;大批汉人迁徙南下,以浩荡宽阔的长江为屏障,苟全求安。在动荡黑暗的乱世中,生命如同花瓣草叶上的露水,朝不保夕。

事实果真如此?

第一节　潮生金陵邑

公元229年,在魏国的曹丕、蜀国的刘备相继加冕称帝之后,割据南方的孙权也正式做了皇帝,建立吴国,史称"孙吴"或"东吴"。同年九月,建业成为吴国的首都。

建业,就是今天的南京。

六朝时期的长江,在经过今天的芜湖、南京附近时,并不是笔直东流的,而是自西南流向东北。古人习惯以东为左,因此,历史上又将以南京为中心的江南地区,称为

"江东""江左"。

当时，长江入海口在今天的扬州和镇江附近。海潮上涌，深入内陆，掠过南京，直抵今天的九江。东去的江流与西来的潮水汇合，激荡回旋，声势惊人。

长江南岸，在秦淮河的入江口附近，矗立着一座石头山。山并不高，但山崖笔直如削，好像一堵石墙。据地质调查发现，这里的岩层距今有7000多万年，岩石呈现赭红色。

公元前333年，楚威王打败越国，在石头山（今名"清凉山"）一带建造了金陵邑，南京因此别称"金陵"。而在金陵邑之前，今天的南京范围内已筑有越城、冶城等，它们与金陵邑一样，是作为军事据点而建设的。

相传，在208年赤壁之战的前夕，诸葛亮出使东吴，见到东边钟山像长龙盘旋、西边石头山如猛虎蹲踞，这位中国历史上著名的政治家不禁赞叹道："这真是帝王的居所啊。"

孙权将这番话记在心中。212年，他在金陵邑故垒之上筑城，取名"石头城"。229年，孙权迁都建业后，新建了一座石头城，它直临江岸，南抵秦淮河口，与附近石头山上的"石头小城"同气连枝。

据史书记载，这座石头城周长约有3200米，开有三座城门。城内，建有一座仓城，用于贮藏粮食；城上有烽火台，如有敌军入侵，立刻发出警报。城外，入江口有一座规模很大的码头,岸上建有粮仓,港内停泊着许多艘大船。东吴和东晋、南朝的使者、商人前往海外,就是从这里启航的。

有石头城作为屏障,孙权才能一心一意地在建业经营帝王宅,开启了南京城市建设的序幕。

当时南京的地理形势是:

西北有长江环绕,北面是烟波浩渺的玄武湖,东北和东面是幕府山和钟山,青溪从钟山南麓流泻而出,曲折萦回,向南注入六朝时被称为"淮水"的秦淮河,而秦淮河则流经城市的南、西两面,在石头城下与江水汇合。

石头城遗址　2015年　林琨　摄

长江、秦淮河、连绵的山峰,加上军事要塞,构筑起一道坚实绵密的城防。

孙权在位时,在城市的北面建有太初宫、南宫和西苑。后主孙皓又在太初宫的东面建造了昭明宫。宫城的面积约占建业都城的四分之一。

从太初宫的南门向南,是一条宽阔的大道,构成城市的南北轴线。

大道两边,分布着官署和军队营房。它的尽头是秦淮河,河上架设着一座浮桥,叫作"朱雀航"。

秦淮河两岸,居民区和商业区鳞次栉比。

孙权死后,他的子孙们围绕王位展开激烈斗争,导致国势衰弱。这时候,蜀汉先是被曹魏灭亡,西晋又取代了曹魏。279年,西晋兵分六路,进军江南。第二年,孙吴灭亡。

西晋实现统一仅仅30多年,便被南下的游牧民族推翻。王室成员司马睿渡过长江,于317年登基称帝,建立东晋王朝。

东晋首都就是孙吴时期的建业,这时已经改名为"建康"。

相比于中原大地的连绵烽火,在长江"天堑"的庇护下,偏安南方的帝国形势还算安定。

东晋立国103年,由琅琊王氏、陈郡谢氏这些高门大族轮流执政。东晋末年,出身寒门的军人刘裕崛起,夺取

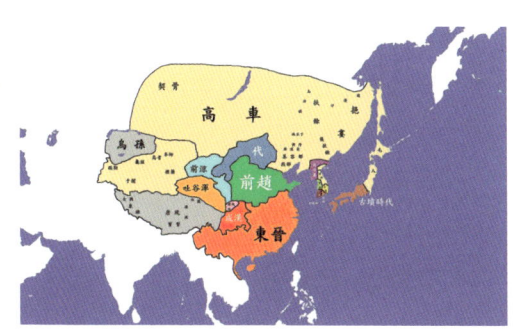

东晋疆域图（公元 317 年）

东晋疆域图（公元 376 年）

东晋疆域图（公元 417 年）

（据谭其骧《中国历史地图集》制图）

了实权。420年，他取代东晋王室，自立为帝。

刘裕建立的王朝，史称"刘宋"。

刘宋，加上萧姓建立的"南齐""萧梁"，陈姓建立的"陈"，这四个朝代又称为"南朝"。南朝总计169年，每个王朝的平均寿命为42.2年；一共24位帝王，死于非命的约占50%。

刘宋疆域图（公元436年）

第二节 人老建康城

六朝时期的南京，作为南方各政权的首都，历时约320年左右。从某种意义上说，当时围绕着这座城市发生的事件、登场的人物，足以构成一部浓缩的六朝史。

公元330年，丞相王导的堂弟王彬出任将作大匠（相当于今天的建设部长），主持重修建康宫城。

这就是历史上著名的"台城"。

台，是指"尚书台"，也就是中央行政机构，当时设在宫城之内。因此，台城成为宫城的代称。

公元332年，台城落成。

它又被称为"建康宫"，周围八里，开有五座城门。宫殿的布局仿照汉魏时期的旧制，太极殿位于轴线正中，是皇帝举行朝会所用；两边是皇帝听政和举行宴会的东、西二堂；后面还有皇帝游乐的宫苑区等。

21世纪以来，经过考古工作者的努力，相继发现了多处台城遗址。例如：位于南京图书馆新馆的一段东西向城墙基址，位于游府西街小学的一段东西向城墙基址，位于六朝博物馆的一段南北向城墙基址，等等。

随着东、西、南城墙遗址的相继发现，大致可以描绘出六朝时的台城范围——形状约为正方形，方位由西南向东北方向倾斜，南垣在游府西街、文昌巷一线，西垣在抄纸巷、网巾市西侧一线，东垣在利济巷与长白街之间，北垣约在如意里、长江后街南侧一线。

在台城的外围，同时营建了建康都城。

都城也建有城墙，周围二十里，有六座城门。史书上的"六门"，指的就是建康都城。

台城南面的"大司马门"正对着都城的正门"宣阳门"，宣阳门外是向南笔直延伸的御道，巍峨壮丽的朱雀门就位于御道尽头。

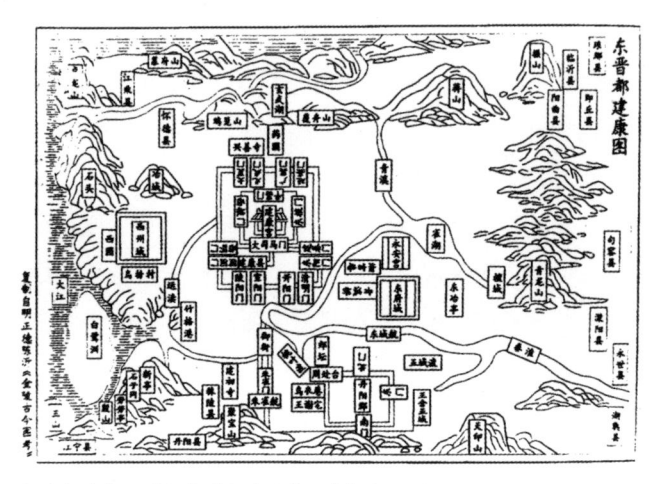

东晋都建康图（摘自《金陵古今图考》）

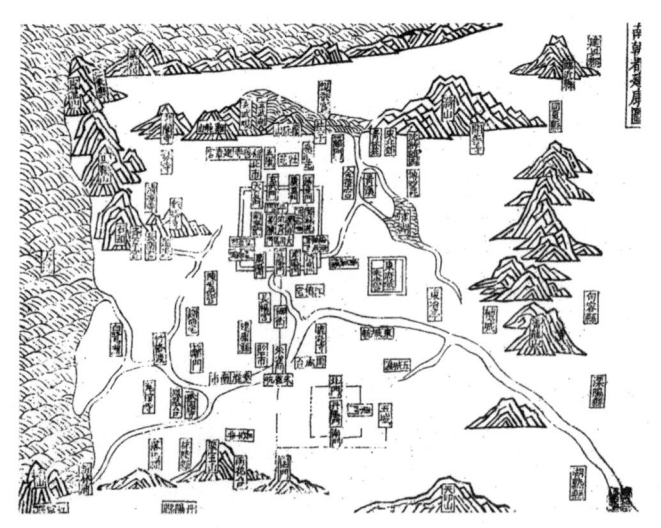

南朝都建康图（摘自《金陵古今图考》）

自东晋到南朝，历代均对台城和都城有所增建。

继刘宋和南齐之后，萧衍建立"萧梁"。他做了47年皇帝，是六朝皇帝中在位时间最长的。由于国库充实，遂在宫城门外建起神龙阙和仁虎阙，并且在秦淮河的南岸建造"国门"。

南天一门，巍峨雄壮，今天已经无法想象它的风采了。

为拱卫中枢，在台城周围又陆续建有若干的小城。其中，比较重要的有西州城和东府城。

西州，因位于台城西南而得名。六朝时期，扬州刺史是东南地区的最高军政长官，最初就以西州为治所。东晋末年，会稽王司马道子总揽朝政，兼任扬州刺史，始将治所迁到城东的私第。南朝时，西州成了王室成员的居所。

东府，原为司马道子的府邸。它在台城的东南，遂被称为"东府"，刘宋以后，是王公重臣兼领扬州刺史者的居所，置兵镇守，重要性仅次于台城和石头城。

同时，石头城也得以加固扩建，有常备军驻守，防御外敌和内乱。

东晋之初，为安置南迁的士民，在城东的青溪两岸新修了许多住宅。城东的青溪和城南的长干、横塘，成为当时主要的居民里坊区。

青溪源于钟山，向南迂回流入秦淮河，是城东的天然屏障，两岸修栅，作为守备。孙权又开凿潮沟，将玄武湖和青溪相连。

今日台城　毛劲松摄于 2016 年

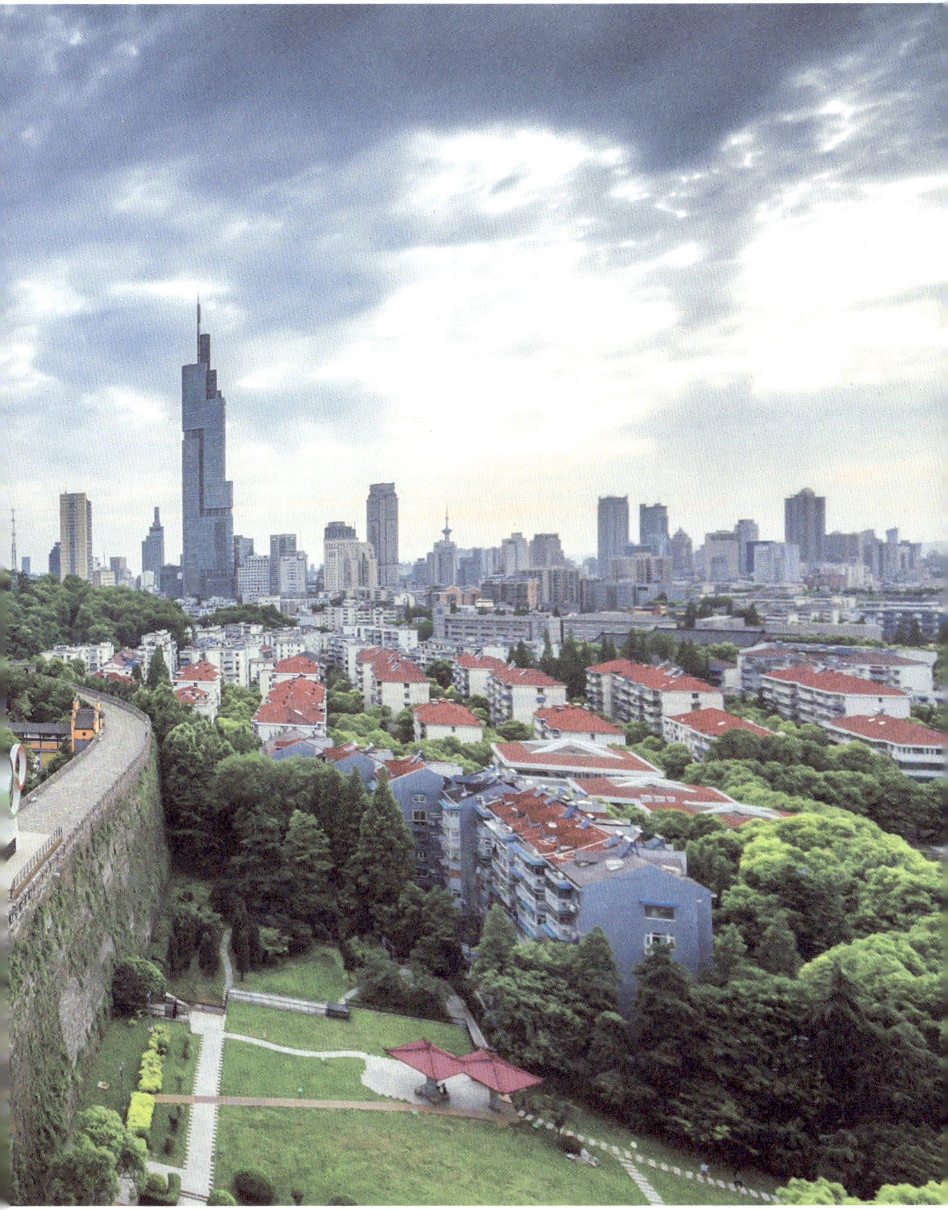

遥想当年，建康城遍布宫殿宅第，生活着上百万人口，包括王室、贵族、平民和兵士。它超过同一时期北魏洛阳的人口规模，是东方最大的都会。

秦淮河两岸散布着住宅、寺庙和商业市场。当时的秦淮河，河宽约有100多米，其上架设浮桥。江涛上溯，深入秦淮河，时有毁坏浮桥、倾覆舟楫的记载。

为满足供应首都的粮食，在台城、石头城和城南等地建有大型的粮仓。粮食从三吴地区——吴郡、吴兴郡、会稽郡，也就是今天苏南、浙北和浙东的一部分——通过破岗渎、上容渎等人工运河，源源不断地运送而来。

六朝时期，佛教在中国广为传播，江南寺院林立。梁武帝萧衍就是一位狂热的佛教徒。他曾经四次脱下帝袍，披上僧衣出家。大臣们又出资亿万钱，赎买他还俗。

这样的游戏未免轻率，引起野心勃勃之人的觊觎。

公元548年，军阀侯景发动叛乱。80多岁的萧衍被久困在台城，于第二年病故。侯景之乱，蹂躏首都建康和三吴地区达4年之久，曾经的繁华富庶之地，已是千里无人烟、白骨成山丘。

平定叛乱后，梁元帝萧绎以建康残破凋敝为由，迁都长江中游的江陵。

公元557年，萧梁灭亡。

此时，南朝在长江以北的国土几乎全部丢失。北朝军队的旗帜与烽火，在石头城上就能遥遥望见了。

公元589年，隋军灭陈，将建康的台城宫苑荡为平地。六朝繁华，付与一梦。

在很多人看来，六朝是名副其实的"乱世"。

事实上，这仅仅是六朝历史的一面。而它的另一面，是对中华文明史的延续和再造。

当时，北方大地连年征战不息，中原人士纷纷举家南迁。华夏文明的中心转移到南方，不但逃脱了灭亡的危机，并得以发扬光大。

在劳动人民的辛勤耕耘下，南方地区的荒地得以开垦，河湖水利得以兴修，长江流域的经济水平首次超过黄河流域。同时，无数商船从建康、广州（今广东省广州市）等东南沿海城市出发，沿着海上丝绸之路，出没波涛之间，驶向东亚、东南亚，远及波斯湾。

1965年，在南京象山东晋大墓中出土了一只精美的鹦鹉螺杯。象山是东晋豪门王氏的家族墓葬区，这只鹦鹉螺杯的主人王兴之，是宰相王导的侄子，与"书圣"王羲之同辈。鹦鹉螺主要分布于西南太平洋的热带海域，在当时的中国极为罕见，而用作饮食器皿，更为稀罕。

这样的进口限量版奢侈品，象征着六朝门第和惊人的财富。

六朝时期，佛教普及、玄学盛行，深刻地影响着上层社会和知识分子的行为，也推动了文学、书法、绘画、雕塑等艺术的发展，孕育出光辉灿烂的六朝文化。"书圣"

东晋王兴之墓出土的鹦鹉螺杯

王羲之、"画绝"顾恺之、开创田园诗派的陶渊明……在他们的笔下，呈现出壮丽的时代风貌。

中国思想家梁启超将六朝概括为"一个贵族时代"；中国历史学家范文澜认为，"东晋南朝在文化上的成就是划时代的"；日本历史学家川本芳昭也说，六朝人普遍"关注自己的内心，追求精神和灵魂的救赎"。

在当时的世界上，作为一种创造历史的力量，能够和六朝相提并论的，只有西方的罗马帝国和波斯萨珊王朝。

这正是历史的吊诡之处，也是趣味所在。

六朝人殷芸写的笔记《小说》中，记载了这样一个故事：

某人在家中招待几位客人，聊天时谈及各人的志向。

有人说，想当扬州刺史；有人说，想发财；有人说，希望长生不老，像仙人那样骑着白鹤翩翩来去。最后一人笑道，我的愿望是"腰缠十万贯，骑鹤上扬州"——寓意既富且贵，而又长生不老。

在人生哲学上随世俯仰，名教与自然并重，深刻地影响着六朝人士生前的所作所为，以及对身后事的安排。

历经天灾和人祸，六朝帝王将相的尸骨早已荡然无存，但曾经守卫着他们陵墓的神兽石刻，依然矗立在大地上，昂首天空，仿佛在轻声吟唱着安魂曲。

第二章　江南陵阙草连空

钟山，今天更常用的名称是"紫金山"。

它是宁镇山脉的主峰，矗立在南京城东，周围丘陵起伏，宛如一条时隐时现的龙脊，向西经过富贵山、九华山、北极阁，止于鼓楼岗。

1960年的一天，一群孩子在富贵山下玩耍时，忽然看见山坳里静静地躺着一块古老的石碑，上面青苔斑驳，四周芳草萋萋。闻讯赶来的考古工作者拂去堆积在碑身上的尘埃，"晋恭皇帝之玄宫"几个字映入他们的眼帘。

他们顿时激动起来——啊，东晋最后一位皇帝司马德文的陵墓就在这里。

公元419年，司马德文被权臣刘裕扶上帝位。第二年，司马德文在刘裕党羽事先准备好的退位诏书上签字，成为亡国之君。

公元421年，司马德文被看守的兵士用棉被闷死，按照帝王规格下葬。

晋恭帝玄宫墓碣

这件玄宫石碣，长125厘米，宽度和厚度均为30厘米。"玄宫"，代指帝王的墓室；石碣，就是石碑。

与常见的神道石碑相比，晋恭帝玄宫石碣规格较小，很可能是出现于魏晋时期的"碑形墓志"，兼具墓碑和墓志的特征，埋于地下。

但也有学术观点认为，晋恭帝玄宫石碣的发现，证明东晋帝陵也有地面石刻。若如此，"六朝石刻"的内涵就更为丰富了。

六朝时期的石刻，主要包括陵墓石刻、佛教石刻和纪念性石刻。陵墓石刻又分为地面石刻，如石兽、石柱、石碑等；墓穴中的墓志、地券，以及营建地下建筑的石雕构件，如墓门、压顶石、棺底座、石兽首等地下石刻。

本书所涉及的"六朝石刻"，特指这一时期，设置在皇帝和王侯陵墓前方、神道两旁的地面石刻，简称"神道石刻"。

六朝陵墓大多坐北朝南，神道石刻距离陵墓约千米左右，一般为三种六件，包括石兽一对、石柱一对、石碑一对，依次两两相对排列，成为六朝墓葬的一个普遍形式。

石柱一般位于神道入口处，柱额上的文字，一个为自左至右，正书顺读；另一个为自右至左，正书逆读或反书逆读。两只石兽中，如果一只头向右扭、左足前迈、尾向左旋，另一只必定是头向左扭、右足前迈、尾向右旋。石碑的龟趺，一只为左腿稍稍前伸，另一只必定为右腿稍稍前伸。

它们呈现出一种对称与和谐之美。

第一节　墓葬风俗的变迁

公元356年农历七月，桓温率军北伐，收复洛阳。随后，他拜谒西晋帝陵，命人将残破的陵墓修整一新，并设置守陵官吏。

整整60年后，这一幕重现——416年，刘裕北伐中原，攻克洛阳，再次修复西晋帝陵，派兵守卫。

西晋帝陵在洛阳之北的邙山，包括追封的宣帝司马懿、景帝司马师、文帝司马昭和武帝司马炎、惠帝司马衷，一共5座帝陵。这些陵墓，均遵从司马懿的遗训——"不封不树"，不起坟堆，不树碑碣。

事实上，"不封不树"是中国早期社会的墓葬风俗。西汉末年的学者刘向就说，西周文王和武王的墓地是没有坟丘的。

直到春秋中晚期，才出现了坟丘。进入战国，坟丘越修越高大，在坟丘之前，还兴建了享堂建筑。其中，君主的墓最为高大，犹如山陵。

后来，"陵"就成为帝王坟墓的专称。

西汉时期，随着国力的强盛，同时受到儒家尊崇礼制思想的影响，皇家宫苑和贵族宅邸建造得气派豪华、等级森严。与此同时，儒家思想主张"事死如事生"，死后之人，也要像活着的时候一样追求享乐。

于是，厚葬之风盛行。

上到王公贵族，下至平民百姓，在丧葬之事上竞相攀比。陵墓越修越高大巍峨，墓室内部的装饰越来越精美豪华；地面上的祭祀建筑和石刻也从无到有，从简单率性到讲究规格。

东汉明帝时，又对陵墓制度做了进一步规范——

将原先为死者"饮食起居"而设的"寝"扩建为宫殿式样，寝殿前面，是一条宽阔的神道，又称司马道；神道两旁，整齐地排列着高大的石碑、石人、石兽及一对神道

东汉高颐墓碑 2015年摄　　东汉高颐阙 2015年摄

石柱；最外面，建有两座石阙。

三国两晋时期，由于长期战乱，民不聊生，在墓葬制度上，一改秦汉以来的风气，从厚葬转为薄葬，既节省物力，又可避免盗墓贼的光顾。

公元205年，曹操下令不树石碑、不造大墓。他的儿子曹丕做了皇帝后，再次强调不封不树、不立寝殿、不修造陵园和神道。

2009年，位于安阳的曹操墓被考古发掘，印证了他大力提倡的薄葬风俗。墓室装饰朴实无华，陪葬品主要是兵器、石枕等，都是曹操生前所用之物，几乎没有金银珠宝。

在南方，今天南京东郊的梅花山，相传是孙权的陵墓，因此过去被称为"孙陵岗"。从孙陵岗的地形地貌来看，东吴陵墓是有高大封土的。

据说，明朝开国皇帝朱元璋在建造孝陵时，有人主张将孙权的陵墓夷平。朱元璋没有同意，他说：孙权也是一条好汉，留着为自己"看大门"好了。

西晋虽然取代了曹魏，但坚持薄葬的制度一以贯之。武帝司马炎就曾下诏，禁止竖立石兽和墓表。

东晋建立后，将"不封不树"的薄葬制度带到了南方。

当时的皇家陵墓区位于宫城之北，主要有三处："鸡笼山之阳""钟山之阳""幕府山之阳"。

所谓的"阳"，是指山的南面。

东晋的11座帝陵，有9座与钟山有关。

北极阁和鼓楼岗包括在古代"鸡笼山"的范围内，坐落着东晋元帝司马睿的建平陵、明帝司马绍的武平陵、成帝司马衍的兴平陵、哀帝司马丕的安平陵。

1972年，在鼓楼岗的南面、南京大学的校园内，发现了一座大型东晋墓。根据墓葬形制和出土的文物，考古工作者判断是元帝、明帝、成帝、哀帝其中之一的陵墓。

在"钟山之阳"，也就是现在的富贵山附近，坐落着康帝司马岳的崇平陵、简文帝司马昱的高平陵、孝武帝司马曜的隆平陵、安帝司马德宗的休平陵、恭帝司马德文的冲平陵。

1960年，在这里发现了恭帝的玄宫石碣；此后，在附近又发掘出一座东晋大墓，墓主据推测是恭帝，也有学者认为是孝武帝或安帝。

唯一坐落于"幕府山之阳"的，是穆帝司马聃的永平陵。

除了穆帝之外，其他的东晋皇帝皆不起坟。而穆帝的永平陵虽然起坟，周长四十步、高5.33米，与高如山丘的汉代帝陵相比，前者犹如矮子，后者仿佛巨人。

1981年，考古工作者在同样属于"幕府山之阳"的老虎山，发现了一座东晋大墓。这一带分布着象山、郭家山、北崮山等丘陵，是东晋豪门王氏、谢氏、颜氏等的家族墓葬区。

墓主是谁？

经考证，他的身份比那些王谢子弟更为显贵——19岁时病逝的穆帝。

至于东晋帝陵石刻，除了恭帝的"玄宫石碣"外，至今尚未发现其他相关的实物。

东晋王朝在本质上是一个流寓政权，王室将陵墓建造得如此简单，既是出于对祖宗制度的遵守，也寄托着暂时性下葬、将来回归北方的"心愿"——尽管这仅仅是一种政治姿态。

东晋王室暗弱，朝政多为门阀执掌。由于特殊的政治地位，官僚贵族往往并不严格遵从薄葬的禁令。通过考古发掘，在象山王氏家族墓地出土了大量文物，其中不乏金银珠宝和玻璃器皿，尤以玻璃器皿来自海外，极为罕见。

刘宋王朝建立后，刘裕为标榜血统高贵，以汉代王室苗裔自居。

他未称帝前，北伐攻占长安（今陕西省西安市）时，特地拜谒了西汉帝陵。刘宋时期，刘裕及其子孙刻意恢复汉代的墓葬制度，神道石刻陆续恢复旧观。

刘宋共有8座帝陵，除刘裕之父的陵墓位于江苏镇江外，其余7座帝陵均在今天的南京境内。据史书记载，它们选址于山冈高敞之处，背靠山丘、前临平原，神道顺着山势延伸到平原之上，石刻庄严而壮美。

此后，南齐、萧梁和陈朝的历代帝陵以及王侯墓地，均大体参照刘宋的墓葬制度，精心营建雕琢。

正因为如此，才为世人留下了无与伦比的石刻巨制。

第二节　被神话的石兽

这些年来，在安阳殷墟，商代的宫殿和王陵遗址陆续被考古发掘。其中，商王武丁之妻妇好墓中，就陪葬有石人、石牛、石熊、石虎等。

它们属于地下石刻。

地上的神道石刻源于何时，已经无从考证。

目前能见到的早期实物，是西汉名将霍去病墓前的16件石刻，包括石马、石虎、石羊等。最引人注目的是"马

西汉霍去病墓"马踏匈奴"石刻，现藏于茂陵博物馆

踏匈奴"石刻，一匹骏马将匈奴士兵踏在蹄下，传神地反映出墓主的赫赫功勋。

这说明，正式在陵墓前放置石兽的做法，始于西汉。

当时的人们认为，有一种名叫"魍象"的鬼怪，专吃死人的肝和脑。为保佑死者在阴间的平安，便在墓前放置石兽，充当护卫，驱赶鬼怪，让死者的灵魂免受打扰。

及至东汉，随着陵寝制度的日益完善，在陵墓前开辟神道、设置石人和石兽的做法渐渐普及，石兽的种类和数量也越发丰富。

于是，上至帝王将相，下到普通官吏，无不在墓前神道两旁陈列石兽。它们与石阙、石碑与石人等组合出现，成为后世陵墓石刻制度的滥觞。

这些石兽穆然排列，无声地述说着墓主身前的身份和地位。

在东汉时期的陵墓石刻中，有一类带有羽翼的神兽形象，特别引人注目。所谓有翼神兽，就是在狮虎等猛兽的身体两侧添加羽翼，造成一种作势欲飞的样子。

这些有翼神兽，主要分为虎形翼兽和狮形翼兽两种。

虎形翼兽的形象很早就出现了。据考证，春秋时期就有了带翼老虎的图像，经过战国和秦汉，逐渐普及。在河南洛阳发现的西汉墓室壁画中，就有"虎食鬼魅"的内容；在山东出土的东汉画像石上，也有很多刻画了翼虎的形象。

虎形翼兽，主要是中国本土文化的产物。

与之不同的是，狮子并非出产于中国。西汉张骞出使西域之后，随着丝绸之路的开通，狮子也自西东来，引入中国。东汉时，安息国王就已经派遣使者，向中国皇帝进贡狮子。此后，佛教从印度传入东土，狮子作为佛教中的神兽，一并进入中国文化的视野。

在狮形翼兽身上，体现了域外文明的因素。

存世的东汉有翼神兽石刻，主要分布在河南、山东、四川一带。

现藏于河南南阳汉画馆的一对石兽，曾是东汉汝南太守宗资墓前的守护兽。其中一件，右翼前刻着"天禄"字

东汉宗资墓石兽,现藏于南阳汉画馆

河南孙旗屯出土的东汉石兽,现藏于中国国家博物馆

河南孟津出土的东汉石兽，现藏于洛阳博物馆

样；另一件，右翼前刻着"辟邪"字样。

在四川也发现了为数不少的石兽，其中最著名的，是雅安高颐墓前排列的一对，为虎头狮身造型，头生双角，背生双翼，翼羽有三重，一直延及臀部。

出现在东汉陵墓前的有翼神兽石刻，被认为是六朝石刻的范例。

六朝石兽的整体造型，与河南一带的东汉石兽颇为相似。

宋孝武帝刘骏曾经做过雍州刺史，治所在今天的湖北省襄阳市。据史书记载，他为父亲宋文帝刘义隆营建长宁陵时，参考了襄阳的陵墓石兽形制。由此推测，如今分布于江苏境内的六朝石兽，其传承路线很可能是由洛阳而波及南阳、襄阳,再到建康、京口,也就是今天的南京和镇江。

从洛阳到建康,从帝王生前的宫室到死后的家园,竟有着如此千丝万缕的联系,历史真的很有趣。

六朝时期,这些石兽被进一步"神话"——帝王陵前的石兽,一作独角、一作双角,它们统称为"麒麟"。其中双角的也叫"天禄";王侯墓前的石兽均无角,称作"辟邪"。

麒麟、天禄也好,辟邪也罢,均为神话中的兽类,在现实生活中无从寻觅。

在雕刻艺术上,这些石兽已由汉代的古朴走向六朝时期的成熟。

它们一般用长度和高度在 3 米以上、宽度为 1.5 米左右的整块巨石雕刻而成。六朝的能工巧匠们熟练地应用圆

东汉高颐墓石兽　2015 年摄

雕技法，并结合浮雕、线刻，让这些石兽焕发出雄浑兼具秀丽的形体美，虎虎有生气。

圆雕又称"立体雕"，先要在与实物比例相当的石材上进行"打坯"，再动刀雕刻出生动传神的作品。

它是西方雕塑中最经典的雕刻技法，注重雕塑作品的整体统一和谐。雕塑家米开朗琪罗曾说："只有那些从高山上滚下而无损伤的，才是好作品。"

六朝时期石墓门

南京上坊东吴大墓压顶石

南京上坊东吴大墓棺木式石底座

南京上坊东吴大墓石兽首

六朝的麒麟、天禄和辟邪，昂首向天，张开大口，仿佛在发出深沉的吼声；一只巨爪向前迈出，双翼将要展开，一副欲飞上天的模样。

从形态上看，麒麟、天禄身形相对窈窕，显得矫健有力；辟邪体态壮硕，更加威武雄壮。

从刘宋到陈朝，延续100多年。刘宋早期的石兽纹饰较为简单，风格上接近东汉。齐梁两代的石兽，在艺术上受到当时人物绘画和宗教造像艺术的影响，具有典型的南朝特色。

南齐石刻，以齐武帝萧赜景安陵前的天禄为代表，长颈细腰，身体呈现"S"形的变化，窈窕而灵动，装饰华丽，

齐武帝萧赜景安陵前天禄　2000年摄

雕刻手法细腻。

萧梁时期，石兽的造型更为丰满。梁武帝萧衍修陵前的麒麟，昂首天空、迈步向前，显得气魄非凡。梁临川靖惠王萧宏墓前的辟邪，昂首挺胸，颈短而肥，巨口长舌，神态极其威猛。

至于早前被视作陈文帝陈蒨"永宁陵石刻"的那对麒麟，它们的主人如今已确认为昭明太子萧统。石兽造型比例和谐，装饰华丽精致，前爪微微抬起，富有动感，堪称六朝石刻艺术的代表作。

第三节　石柱及其他

公元437年的一天，天空雷霆大作，劈坏了宋武帝刘裕初宁陵前的一根神道柱。26年后，狂风再次将初宁陵前的神道柱吹折。《宋书》在记载这两件事时，将神道柱称为"标"。

据推测，它们可能用木头制成，而非石柱，否则怎么会被风轻易吹断？

一、石柱

标，就是"标志"的意思。

在上古时代，交通路口往往竖立着一根木柱，供来往路人书写对执政者的意见，同时也作为路标；再往后就竖立在宫殿的入口处，提醒前来拜访的人们，从这里开始，就要端正仪表、不要喧哗了。

萧景墓神道石柱

建陵石柱座

上古时代，人们称它为"恒表"。当时"恒"和"华"读音相近，渐渐地，恒表就成了"华表"。

东汉时期，开始使用石材制作华表，柱身呈圆形，上面往往刻有花纹。立在陵墓前的，就称为墓表、神道柱、望柱，或者干脆就叫石柱。

六朝的神道石柱，除大小有所差别之外，形制上比较统一，均由柱头、柱身、柱座三部分构成。

柱头有一个圆盖，是柱身直径的2倍多，圆盖装饰有莲花纹，盖顶之上站立着一只小辟邪。

柱身为圆形或椭圆形，雕刻隐陷直刳棱纹，柱身上端接近圆盖的地方，是长方形的柱额，上面刻着朝代、墓主的官职、谥号等；两根石柱，柱额文字一般一个作正书、另一个作反书；柱额下面依次雕刻神兽纹、绳辫纹和双龙纹，形象生动。

柱座上圆下方，上面是两条交缠在一起的螭龙，口中含着宝珠，盘旋围绕成一个圆形平台，中间是榫孔，用来安插柱身；最下面的方形基座，四面均有浮雕，刻画着神怪的形象，因为长时间埋在土中，大多已经模糊不清了。

对于刻有隐陷直刳棱纹的六朝石柱柱身，有学者认为，它们受到了古希腊石柱柱式的影响。

也有学者提出，它们与中国古代的"凶门柏历"有关。古人去世时，用细木条捆成圆柱，外面束一层剖开的竹竿，这就是柏历，柱身也有一道道的纵向纹路。

此外还有一个重要的因素——六朝时期，佛教盛行。而古印度石柱与六朝石柱较为相似，印度佛教文化会不会也影响到六朝时期石柱雕塑的审美？

具体的历史细节已难以再现，但不可否认的是：六朝石柱是中外文明交融的产物，体现着中国人兼容并蓄的胸怀和推陈出新的智慧。

与六朝石柱相关的，还有一个悲剧性的故事：

公元462年，宋孝武帝刘骏最宠爱的妃子殷氏病故。他下令用仅次于皇后的规格，下葬于"岩山之阳"，也就是今天的牛首山东北。

在商议刻在石柱上的谥号时，大臣江智渊提议用"怀"字。

谥号，就是有地位的人死后，用来评价他们道德品行的称号，分为歌颂性的"美谥"、怜惜性的"平谥"，以及贬义性的"恶谥"三种。

"怀"属于平谥。孝武帝认为，这个谥号抵不上他对殷氏的深情厚爱，下令重新拟定。最后，改为属于美谥的"宣"字。

第二年，孝武帝去南山扫墓，将到殷氏的墓前，他用马鞭一指神道石柱，怒气冲冲地对江智渊说："这上面，怎容许刻上'怀'字？"

皇帝还记着仇！

江智渊脸色惨白，回家后不久，就忧惧而死。

二、石碑

东晋王室虽然推行不封不树的政策,但往往对重臣网开一面。

史载,在王导、谢安、郗鉴、庾冰、顾荣等人的墓前,都竖立着石碑。相传郗鉴墓前的碑文,是他的女婿王羲之题写的。而谢安墓前的石碑上不著一字,是历史上不多见的"无字碑"之一。

保存至今的六朝石碑,形制完整的仅有4通,均为萧梁时期的遗物。

萧宏墓石碑

其中，数量最多的是安成康王萧秀墓石碑，雕刻最为华美的是临川靖惠王萧宏墓石碑，文字较完整的是始兴忠武王萧憺墓石碑。

碑原本是上古时代竖立在宫殿和宗庙门前的长石，是用来观测太阳影子的变化。渐渐地，发展为在石头上刻有文字，秦代之前一般称作刻石，西汉以后称作碑碣。立于陵墓前的，就成为神道石碑。

六朝时的石碑，同样分为碑首、碑身、碑座三部分。

碑首为半圆形，圆脊雕刻着相互交缠成辫形的双龙；碑首正中有略凸起的方额，上面刻着墓主的官职、谥号等；方额下方是一个圆孔，也就是碑穿，早先是用来系上绳子牵引石碑的，后世仅仅作为一种装饰。

碑身正面，刻写着记录墓主生平事迹的文字，侧面雕刻鸟兽花叶纹，往往分为8格，每格雕刻一种纹饰，分格处饰以忍冬缠枝纹，极其繁复华丽。

碑有底座，一般刻作乌龟的形状，称为"龟趺"。龟首向上昂升，给人以庄严秀美之感。

在南京朝天宫旁，曾经有一座卞公祠，用于纪念东晋名臣卞壶。卞壶墓碣遗存至今，上面的文字相传是宋代人书写的。而墓碣本身，据考证是六朝时期的石柱改制而成，柱身的刻纹清晰可见。

由六朝石柱而变身为六朝人物的墓碣，倒也是一桩值得琢磨的趣事。

东汉沈府君阙

三、石阙

东汉时期，石阙几乎是陵墓神道石刻的"标配"。

阙，就是"大门"，建在宫殿前面，上面有一间小阁楼，供哨兵值班守卫。后来，阙也被用于陵墓的神道入口处，同样取"守望"之意。

汉代的阙，有夯土砌造的，也有用石材构筑的。石阙较为坚固，更有可能保存下来。

陵墓前的石阙，形制比石碑高大，上面雕刻着神仙鸟兽，画面内容含有隔开阴、阳两界的寓意。

六朝时期，除了史书上记载宋文帝刘义隆的长宁陵前立有石阙外，其余陵墓究竟有无石阙，并没有文献材料记载，以及考古上的确凿证据。

据史书记载，六朝的神道石刻材料一般取自钟山、栖霞山之间的"白山"，质地为石灰岩。这些石刻体积庞大、重量甚巨，有的重达数十吨。在没有载重卡车和高速公路的当时，它们是怎么抵达散布在南京和镇江境内的陵墓之前的呢？

一种说法是，将开采的巨石运到陵墓附近，再对其进行加工；也有观点认为，先在采石场雕刻出成品，再运送过去。

2009年，考古工作者在南京的青龙山发现了一个面积近2000平方米的六朝晚期石器加工场，其中有石料的半成品、工具和生活用的瓷器等。

结合史书上的相关记载，也许后一种说法更为可信。

无论如何，当时对石料的开采、运输、雕刻等，均需要进行精确的计算和人力分配。想象那些运载石刻的车辆艰难行进的情景——车轮吱吱呀呀，深陷土中，役夫奋力牵引着绳索，拖车的牛马喘着粗气……

这一幕，既让人钦佩，又让人同情。

第三章　六朝石刻细说

江南早春，烟雨霏霏。

一队穿长衫或西装，头戴毡帽，手携相机和卷尺的文化人，行走在泥泞的田垄上。

远处，横山如眉黛；近处，麦苗青青，农夫正在芟除杂草。

麦田中，一只灰石巨兽昂首向天、傲睨自若。

20世纪30年代初，历史学家朱希祖与其子朱偰、友人滕固、荆林等，仆仆奔走于江南的大地上，考察六朝陵墓遗存，对那些散落在山水之间的石兽残碑，一一进行测量拍摄、调查考证。

在他们的镜头中，静静伫立千年的石刻拂去了满身尘土，重新回到人们的视线里。

虽说是"六朝石刻"，但它们主要出现在南朝。

刘宋、南齐、萧梁、陈四代，王室成员聚族而葬，形成了多个皇家陵墓区，分布着帝王级的陵墓和王侯的墓地。

这些陵墓以及附属的神道石刻，集中在南京、镇江两地——在南京，主要位于栖霞和江宁两区；在镇江，则位于丹阳和句容两县级市。

关于六朝陵墓石刻的数量，在朱偰先生的《建康兰陵六朝陵墓图考》中，共记录有南朝陵墓石刻28处。

中华人民共和国成立后，经过考古工作者的不懈努力，又陆续发现了多处六朝石刻遗存——在梁白泉主编的《南京的六朝石刻》中，经调查统计，当时所能见到的石刻共有33处；据林树中编著的《六朝艺术》，"有关南朝陵墓石刻的处数，据1998年统计为36处"。

十多年来，由于城市开发、考古发现、文物保护等因素，六朝石刻的数量亦有一定的变化。据致力于六朝石刻调查与保护的"主题南京"网站统计，目前仍能寻访到的六朝石刻遗存共有42处。

其中，在南京原址保存的有20处，在丹阳原址保存的有12处，在句容原址保存的有1处；有9处石刻已经不在原址，现藏于南京、丹阳、苏州等地的博物馆。

张库村失考墓和灵山失考墓2处石刻现已难觅踪影，未列入统计。

这些石刻大致可以分为四类：第一类是可以确定墓主身份的；第二类是对墓主身份至今存有争议的；第三类是经过考古发掘，基本证明了墓主身份的；最后一类，是墓主失名失考的。

下面按照年代先后、墓主的身份和地位,结合石刻的分布地点,一一叙说。

第一节 刘宋烟雨,寂寞陵阙

南宋词人辛弃疾出任镇江知府(相当于今天的镇江市市长)时,写过一首名篇《永遇乐·京口北固亭怀古》,追忆了刘宋开国皇帝刘裕的赫赫战功。"金戈铁马,气吞万里如虎",形容刘裕就像蛰伏山林的猛虎,暗地里磨牙吮血,一旦出山,锋芒无人可挡。

一、刘裕与初宁陵石刻

刘裕的人生,就是一部励志传奇。

他小名寄奴,自幼家贫,年少从军,在平定孙恩叛乱时一战成名,时年36岁。此后,刘裕南征北伐、纵横万里,以过人的军事才能,将各路对手一一消灭。

在他57岁那年,建立刘宋,史称"南朝第一帝"。

这时,刘裕的生命已如夕阳,只剩下最后一抹光芒。2年后,他病重身亡,终年59岁,下葬于钟山东南的初宁陵。

钟山一带,历来被视为风水宝地。

初宁陵的遗址,位于今天的南京江宁区麒麟街道麒麟铺社区。据记载,初宁陵规模较大,周围三十五步,高4.67米,规格与东晋穆帝的永平陵大致相当;建有寝殿和陵庙建筑,陵墓前有神道,竖立着石兽、石柱等。

初宁陵前的神道石刻,是最早的南朝石刻。此后由于

初宁陵石兽　2001 年摄

初宁陵石兽羽翼
赫达·莫里逊　1944 年摄

初宁陵石兽　1944 年摄（摘自《老照片·南京旧影》，南京出版社 2012 年版）

战乱，初宁陵屡遭盗窃，石刻也大多散失。

据说，北宋末年，有人在钟山西面的蒋庙见过初宁陵前的石柱（也有一种说法认为是初宁陵的界石）。蒋庙是祭祀钟山山神蒋子文的庙宇，因此钟山又称"蒋山"。

保存至今的，是石麒麟2件。

它们原来相距54.5米，1956年加以维修巩固，用方形石墩将缺失的足部垫起，距离也有所缩短，现在相距23.4米。

东面的麒麟，双角已失，昂首阔胸，口张目瞪，有鬣须和双翼。修复后，身长2.96米，连石墩在内身高2.9米，颈高1.35米，体围3.13米。

西面的麒麟，体态与东面的几乎一致，而独角与尾巴均已残断。修复后，身长3.18米、身高2.78米、体围3.21米。

这对石麒麟具有古朴无华的气质，与东汉以来的有翼神兽一脉相承。

二、存疑：长宁陵石刻？

1988年，初宁陵石刻被列为全国重点文物保护单位，立碑标志。但是，这对石兽究竟属不属于初宁陵，至今存有争议。

朱希祖在《六朝陵墓调查报告》中认为，这就是初宁陵石刻。其子朱偰同意这一说法，并认为宋文帝刘义隆的长宁陵可能在狮子冲。

也有学者认为，这对石兽，很可能属于长宁陵的石刻。

长宁陵也位于钟山的东南，在初宁陵东面大约2.5公里的地方，地理位置与今天的麒麟铺更为吻合。并且，在刘义隆之子、宋孝武帝刘骏时期，才将神道石刻作为一种陵墓制度而确定下来。长宁陵很可能就是这一制度最早的实验地。

刘裕生前崇尚俭朴，被刘骏讥笑为"庄稼汉"。初宁陵或许与东晋帝陵一样，不设石兽，只有木制的神道柱，因此才有了屡屡被狂风雷电劈断的记录。

而长宁陵石刻也有过颠沛流离的经历。

南齐时，豫章王萧嶷的宅第门前就是长宁陵神道。他嫌其碍眼，命人将长宁陵的石刻迁移到一个叫"东冈"的地方。东冈，也叫东山，属于钟山的余脉。

刘宋建国60年，共传四代，经历8位皇帝。

除了刘裕的初宁陵和刘义隆的长宁陵在钟山东南外，其他的刘宋帝王——刘骏的景宁陵、前废帝刘子业和后废帝刘昱的墓地在牛首山附近，明帝刘彧的高宁陵在幕府山东南——不但尸骨难觅，石刻也已荡然无存。

明初，太祖朱元璋在修建南京城墙时，因为初宁陵抑或长宁陵前的这对麒麟历经千年风雨而不倒，就将最东面的一座外郭城门定名为"麒麟门"。

在这背后，包含着英雄相惜之意。

第二节　齐梁悲歌，帝王故里

当一个标有"陵口镇"的路牌出现在公路边时，预示着齐、梁两代的帝陵就在前方了。

路牌的西侧，是一条南北流向的河道，两岸杂生芦苇、蒲草，河道笔直如线，依稀可见当年人工开凿的痕迹。

它就是萧梁河。

距今1500多年前，萧梁河上锦帆如云、络绎不绝，王公贵族自建康乘船而来，祭祀祖先。

西晋末年，为躲避战乱，淮阴县令萧整举族南迁，在晋陵郡武进县东城里安家落户。后来，东晋政府在这里设置"南兰陵郡南兰陵县"，萧姓家族就以"南兰陵郡南兰陵县"为籍贯了。

这个家族建立了南齐和萧梁两个王朝。齐、梁两代的帝王死后，大多魂归故里，安葬在今天的丹阳市东北一带。

是出于礼制需要，还是眷念这片清秀明丽的江南山水？

想来兼而有之。

陵口，顾名思义，就是当年萧氏子孙舍舟登岸、前往陵墓区的入口。

在今天的丹阳市东北部，分布着齐、梁两代的11座帝陵——齐宣帝萧承之的永安陵、齐景帝萧道生的修安陵、齐武帝萧赜的景安陵、齐明帝萧鸾的兴安陵，梁文帝萧顺之的建陵、梁武帝萧衍的修陵、梁简文帝萧纲的庄陵，以

陵口东辟邪　2017年摄

陵口东辟邪羽翼 　　　　　　　　陵口西辟邪

及金王陈、烂石垅、水经山的失名失考陵墓。

其中，南齐的帝王陵墓集中在丹阳市境内海拔最高的山峰——水经山（今标作"水晶山"）周围；萧梁的帝陵区主要位于三城巷一带，也就是现在的曲阿街道前艾村、荆林村这片地域。

这些陵墓前都有神道石刻，一般仅存石刻一对，甚至一件。保存石刻最多的是梁文帝萧顺之建陵，有12件。

在陵口，作为进入陵墓区的标志，特地安置了2件高大威武的石麒麟。

这对石兽，是六朝石刻中体型最大的，均为雄性。东面的麒麟，有双角，身长4米，体围3.9米，由于四足已失，残高3.6米；西面的麒麟，身长3.95米，体围3.6米，同样四足已失，残高仅为2.9米。

虽说石兽身躯残缺，但雄风犹存，作为帝陵的守护神，有着傲然的气势。

1956年和1977年，西面的麒麟被两次迁移。如今，这对石兽位于丹阳市陵口镇，分隔在萧梁河的两岸，遥遥守望。

一、水经山下的南齐帝陵石刻

公元479年，80岁的王琨再次目睹了王朝禅代的一幕。

"禅代"，就是皇帝将帝位让给更为贤德和有能力的人。在这个典雅字眼的背后，掩藏着在权力斗争中失败出局的残酷现实。

东方文化符号

水经山失考墓石刻全景

水经山失考墓南石兽

上一次，21岁的王琨亲历了东晋的覆亡、刘宋的建立。

这一次，他已垂垂老矣，眼见历史重演，52岁的萧道成从刘宋小皇帝手中接过国玺。"如此场面一再经历，皆因为长寿之故啊。"这位东晋宰相王导的曾孙感慨道。

公元482年，萧道成在做了3年皇帝后病死，享年55岁。王琨于同年病故，未及第三次目睹"禅代"——20年后，萧梁又替代了南齐。

萧道成泰安陵石刻

兰陵萧氏，据传是西汉宰相萧何的后代。

萧道成的父亲萧承之，是刘宋时期的名将。他担任济南（今山东省济南市）太守时，北魏军来犯。城中兵力单薄，萧承之下令打开城门。北魏军疑心有埋伏，撤围而走。

这个出自萧承之的"空城计"，后来被移花接木到诸葛亮名下，为世人熟知。

公元427年，萧道成出生于南兰陵县东城里。与历史上的众多帝王一样，他也有着不同于普通人的特征——声如洪钟，额头隆起，身上布满鳞纹。换句话说，他具有龙的体貌特征，而龙也被用来代指帝王。

在史官笔下，萧道成命中注定是要做皇帝的。

这其实是迷信附会。

但他性格沉稳、喜怒不形于色，的确是能成大器者。

萧道成死后，棺椁以龙舟运至故乡，葬于泰安陵，遗址在今天的丹阳市曲阿街道辖内，当时的地名为"赵家

现藏于丹阳市博物馆的泰安陵石刻残件之一　2010年摄

现藏于丹阳市博物馆的泰安陵石刻残件之二　2010年摄

齐高帝萧道成泰安陵 右麒麟 朱偰 摄

齐高帝萧道成泰安陵全景 朱偰 摄(摘自朱希祖《六朝陵墓调查报告》)

湾"，位于水经山南面。

1935年春，朱希祖、朱偰父子前往调查。泰安陵冢早已夷平，陵前有石麒麟2件，相距18.5米，"左右均残毁，仅存身部"。

史载，萧道成的泰安陵紧临萧承之的永安陵，如今隔着一条公路，一在路西，一在路东，相距数百米。

有一种说法是：现在被列为全国重点文物保护单位的齐宣帝萧承之永安陵石刻，实际为泰安陵石刻。

本书遵循前一种说法，以文保碑的记载为准。

泰安陵石刻，已毁于"文革"时期，还有点残留的爪子和尾巴，现藏在丹阳市博物馆内。

萧承之永安陵石刻

兰陵萧氏与北府兵渊源颇深，例如活跃于刘宋时期的萧源之、萧思话父子。

萧源之的姐姐是刘宋开国皇帝刘裕的继母。萧思话身为皇家姻亲，多次统领军队出征。而萧承之、萧道成父子追随左右。

萧承之在萧道成称帝时已经去世，被追尊为宣皇帝，位于丹阳故里狮子湾的墓地也得以重修，提升规格，称作"永安陵"。

永安陵坐北朝南，陵墓已平。陵前的石刻2件，均为麒麟。

东面的是雌性，躯体完整，身长2.95米，身高2.75米，

六朝石刻

萧承之永安陵麒麟远眺　2017年摄

萧承之永安陵西麒麟　2017年摄

萧承之永安陵西麒麟右爪　2014年摄

萧承之永安陵西麒麟侧面　2014年摄

萧承之永安陵东麒麟　2017年摄

萧承之永安陵东麒麟侧面　2014年摄

萧承之永安陵东麒麟侧面　2017年摄

颈高 1.4 米，体围 2.75 米，双角残断，昂首垂身，鬣须下垂至胸前，双翼上刻画着卷云纹，中有细鳞，后为长翎，身上布满卷曲长毛，左前足爪下紧紧攫着一只小兽。

西面的是雄性，头部缺失，身长 2.9 米，残高 2.42 米，颈高 1.38 米，体围 2.4 米，体态与东面的麒麟相仿，右前足爪下也攫着一只小兽。

它们在田野上相对而立，距离 26 米。

永安陵石刻是南齐早期的作品，与刘宋时期的石刻相比，变质朴庄重而为飘逸俊美；石兽的神态刻画入木三分，纹饰精美，令人赏心悦目。

萧赜景安陵石刻

齐武帝萧赜景安陵石刻，坐落在丹阳市曲阿街道的颜春村。

萧赜是萧道成的长子。传说，他在建康的青溪宅内出生时，母亲梦见一条大龙在屋顶盘旋，因此为他取小名"龙儿"。

成年后的萧赜，不愧为"龙儿"，东征西讨，帮父亲打下一片锦绣江山。萧道成曾经赞许道："（萧赜）真不愧是我的儿子。"

萧赜于482年即位，493年去世，做了11年皇帝，约占南齐王朝时间的一半。他在位时，也是南齐政治最清明的时期。

公元493年正月，太子萧长懋去世。七月，萧赜病重，临死前特意下诏：丧事一切从简，祭品有茶饭、面饼、熟食之类就行了。

景安陵前，现存石麒麟一对，均为雄性，相距68米。

东面的麒麟，有双角，身长3.15米，身高2.8米，颈高1.55米，体围3米。长颈细腰，身形呈"S"状，婀娜多姿。

西面的麒麟，1935年在朱希祖等人寻访时，已经沉浮在水塘中，后来被打捞出水，但经过水流冲刷，磨蚀相当严重，四足已失，纹饰模糊。它身长2.7米，残高2.2米，颈高1.4米，体围2.51米。

景安陵石刻，体型匀称、步履从容，自有一种沉静之美。它们的气质，与萧赜统治的11年相若，是乱世里的片刻安宁、黑暗中的一抹霞光。

东方文化符号

萧颐景安陵东麒麟　2014年摄

萧颐景安陵东麒麟正面　2014年摄

萧暎景安陵西麒麟　2014 年摄

萧暎景安陵石刻全景　2014 年摄

萧道生修安陵石刻

齐景帝萧道生修安陵石刻，位于水经山的南面、曲阿街道胡桥村仙塘湾（也叫鹤仙坳）附近。

萧道生是萧道成的二哥，于刘宋时期去世，生了三个儿子——萧凤、萧鸾和萧缅。

南齐时，萧道生被追封为始安贞王。494年，萧鸾篡夺帝位后，他又被追尊为景皇帝，墓地重加营建，升格为修安陵。

修安陵坐落在鹤仙坳，背依山冈，前面有一片池塘，四周山林翠绿，风景秀美。陵墓位于山腰，1965年经过考古发掘，从墓室中出土了多幅精美的砖砌壁画，例如《羽人戏虎图》《竹林七贤图》。

距离陵墓510米左右，就是2件石刻，均为雄性麒麟，相距33.4米。

东面的麒麟，双角残断，身长3米，身高2.75米，颈高1.54米，体围2.52米；它头稍偏向左，左足迈向前方，足爪攫有一只小兽，长尾回折向左。

西面的麒麟，独角凸起，身长2.9米，身高2.42米，颈高1.83米，体围2.4米，角上饰满鳞纹；它头稍偏向右，右足迈向前方，足爪同样攫有一只小兽，长尾回折向右。

它们的身体倾向前方，昂首挺胸，动作协调对称；羽翼微张，仿佛正准备展翅腾空。

修安陵建成于齐明帝萧鸾在位时，雕刻工艺一丝不苟，

六朝石刻

萧道生修安陵东麒麟　2014年摄

萧道生修安陵东麒麟侧面　2014年摄

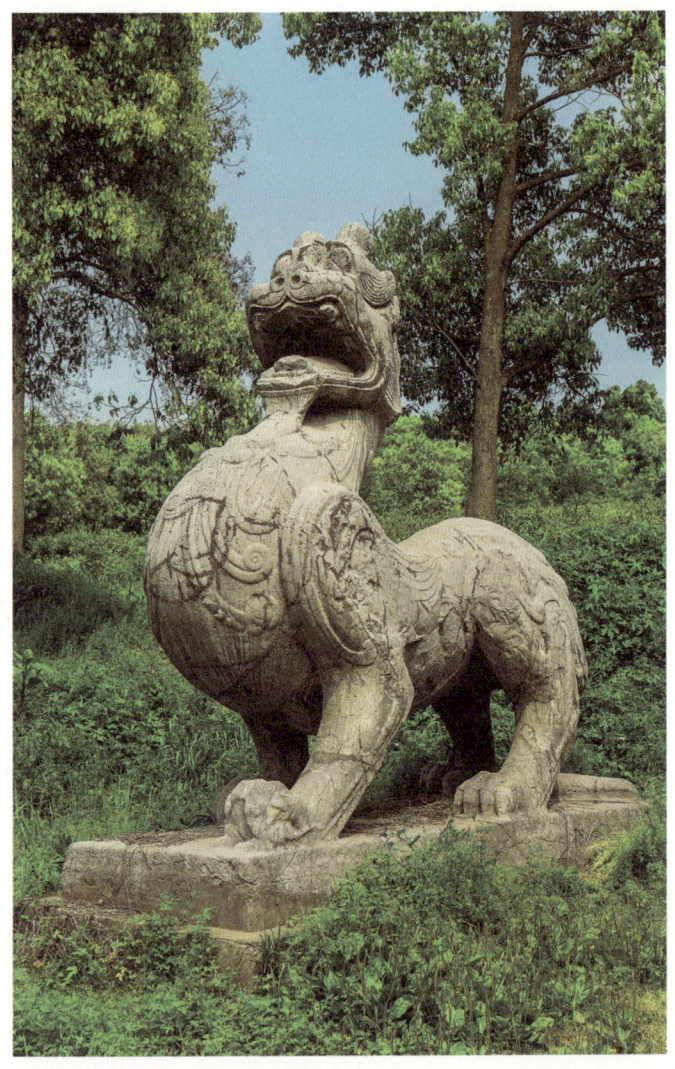

萧道生修安陵石刻　2014年摄

就连鬣须也历历可数,与南京的"永宁陵石刻"堪称双璧。

更为难得的是:在经历了千年风雨之后,它们至今保存完好,头尾俱全,纹饰清晰。今天的人们,在它们身上依然能够感知六朝石刻艺术的永恒魅力。

水经山与烂石垅失考墓石刻

水经山东麓,有一条建埠路经过这里,山下的后水经山村附近,南北相距600米左右,有两座失名失考的陵墓,北面的一座是水经山失考墓,南面的一座是烂石垅(或叫"烂石弄")失考墓。

一般认为,水经山失考墓的墓主是前废帝萧昭业,烂石垅失考墓的墓主是后废帝萧昭文。也有认为前者是萧昭文、后者是萧昭业的。

两位废帝,是萧长懋的长子和次子。

萧赜于493年农历七月去世后,萧昭业以皇太孙的身份继位。然而,朝廷大权很快便落入萧鸾之手。次年七月,萧鸾假借皇太后的名义,将萧昭业废黜为郁林王,次日即将他杀害,扶持萧昭文继位。而萧昭文在位仅仅三个月,又被废为海陵王,一个月后遇害。

水经山下的2座陵墓,犹如兄弟一样相互依偎。

墓地前,石兽的形制应为辟邪,属于王侯墓前石刻,也符合两兄弟被废黜后的身份。

水经山失考墓前,有石辟邪2件,体型较小,保存较好。

北面的辟邪,身长1.85米,身高1.45米,颈高0.65米,

东方文化符号

烂石垅失考墓石兽　2006年摄

烂石垅失考墓石兽残件　2006年摄

体围 1.62 米。

南面的辟邪，身长 2 米，身高 1.5 米，颈高 0.73 米，体围 1.65 米。

它们体长颈短，双翼短小，四肢有力，仰头呼啸，仿佛在抒发胸中的郁闷。

烂石垅失考墓前，也有石辟邪 2 件。南面的已经碎成数块，北面的尚完好，后肢作蹲踞状，近似后世常见的守门狮子。

这件辟邪，身长 1.58 米，身高 1.54 米，颈高 0.75 米，体围 1.7 米，昂首向天，神情可爱。最特别的是：它的尾巴呈方柱形，向上翘举，沿着背部一直到肩部，尾端茸毛大如斗。

这样的造型，在六朝石刻中极少见到。

金王陈失名陵石刻

金王陈失名陵石刻，位于丹阳市丹北镇胡高路南的田野上，周围有金家、王家、陈家三个自然村落，竖有"金王陈南齐失名陵石刻"文保碑一块。

金王陈失名陵的墓主，过去被认为是东昏侯萧宝卷。依照日本学者曾布川宽之说，墓主为齐明帝萧鸾，本书也采用这一说法。

萧鸾篡位为帝，深知权力的重要。其人性格本又多疑，于是将高帝萧道成、武帝萧赜的子孙二三十人几乎全部杀害，其中最幼者被杀时才六七岁左右。

刀光剑影之中，南齐王朝一步步走向分崩离析。

萧鸾在位不到 4 年，就一命呜呼，葬于兴安陵。如今，这个暴君的陵墓前，只剩下 2 只石兽在守护。

甚至，就连他的陵墓在哪里，也变得扑朔迷离。

在三城巷，与梁文帝萧顺之的建陵相距不远处，依据朱希祖、朱偰父子的考证，竖有"齐明帝兴安陵石刻"的文保碑。

对此，最主要的疑点是：三城巷是萧梁诸帝的陵墓区，为何会掺入萧鸾的兴安陵？梁武帝萧衍又如何能容忍在父亲的建陵之旁，埋葬着一个臭名昭著的前朝暴君？

事实上，南齐诸帝的陵墓均在水经山周围，而非三城巷一带。三城巷的"齐明帝兴安陵"，据曾布川宽推断，墓主是梁敬帝萧方智。本书采用此说。

金王陈陵墓曾于 1968 年进行过考古发掘，墓前现存雄性石麒麟 2 件，相距 32 米。

东面的麒麟，身长 2.38 米，身高 2.25 米，颈高 1.2 米，体围 2 米；头部已残，失去三足，以水泥柱为支撑，身上的纹饰已模糊不清了。

西面的麒麟，身长 2.13 米，身高 1.9 米，颈高 1.05 米，体围 1.65 米，吻部和左后足已失去。

这 2 件石刻，属于南齐晚期的作品，体量较小，风格也更为写实。

萧鸾之子萧宝卷做了皇帝后，依旧横行暴政，在位不

金王陈失名陵东石兽　2015 年摄

金王陈失名陵西石兽　2015 年摄

金王陈失名陵西石兽　2015年摄

金王陈失名陵石刻全景　2015年摄

到3年，就将萧鸾给他指定的11位顾命大臣杀个精光。终于，他自身也招致覆亡，在萧衍兵临台城时，为身边的宦官所杀，被草草埋葬。

萧鸾的另一个儿子萧宝融，也不幸成为"时代的眼泪"，仅仅做了1年傀儡皇帝，就在改朝换代的浪潮下，转瞬即逝。

萧衍将他葬于恭安陵，据推测也在水经山附近，具体位置失考。

二、三城巷的萧梁帝陵石刻

自北向南流淌的萧梁河，在三城桥附近，与由西向东的九曲河交汇，构成一个夹角大约90度的直角形。

九曲河上，大小船只来往如梭。

如果没有树丛遮挡，站在九曲河大桥上就可看到萧梁的帝王墓葬区。

当地人称之为"萧王墓"。

萧梁立国55年，共历五帝——武帝萧衍、简文帝萧纲、废帝萧栋、元帝萧绎、敬帝萧方智。陈取代萧梁之后，萧氏在江陵建立"后梁"，统治着面积很小的一块国土，共传宣帝萧詧、明帝萧岿、惠帝萧琮三世，存在了33年。

九曲河北岸，在一片空旷的田野里，石兽、石柱赫然在望。

这里并列着萧衍之父、梁文帝萧顺之的建陵，萧衍的修陵和萧纲的庄陵。此外，竖有"齐明帝兴安陵石刻"文保碑的，据推测为萧方智的陵墓。

萧衍在位将近50年，在侯景叛乱之前，时局安宁，史称"五十年间，江左无事"。他在丹阳故里大修陵墓，形成了今天的三城巷墓葬区。

而萧衍的几位兄弟爵至王侯，死后葬于建康东郊，以今天的南京栖霞区甘家巷为中心，又形成了一处萧梁王侯墓葬区。

无论是帝陵还是王侯之墓，萧梁时期的石刻风格兼具刘宋的古朴庄重和萧齐的精致雕琢，大气雄阔，就数量与质量而言，在六朝石刻中首屈一指。

萧顺之建陵石刻

前艾村北面，有一道微微隆起的山冈，高约数米，蜿蜒如同长蛇。

建陵坐西朝东，陵墓已经夷平，四周是果林和农田，土埂上绽放着星星点点的野花，乡间农舍杂乱分布，神道入口处的石刻，曾是农民们放牛时拴绳子的"石柱"、儿童玩耍时所骑的"石马"。

建陵是六朝帝陵现存地面石刻最多的一处，现有石兽2件、石柱2件、石龟趺2件、方石6件。

关于萧顺之的生平，在《南史》中记载最多，但类似小说家言：

他是齐高帝萧道成的族弟，二人感情颇好。

年少时，他们同游家乡的金牛山——也就是今天的水

六朝石刻

萧顺之建陵南麒麟　2014 年摄

萧顺之建陵石刻　2014 年摄

经山，见路边有一堆枯骨，萧道成不禁动容："自周文王以来，能有几年太平时光，好将这些枯骨掩埋？"萧顺之听了，觉得这位族兄志向高远，就此立下追随之心。

萧道成与袁粲一战，宿将黄回暗通袁粲。萧顺之率领家兵，据守朱雀桥。黄回派出的探子报告说："朱雀桥南有一位长者坐在胡床之上，威风凛凛。"黄回吃惊道："此人必是萧顺之。"于是打消了出兵帮助袁粲的计划。当时有人这样评价萧顺之:"文武兼资,有德有行。"

据说,萧道成当上皇帝后,指着萧顺之对太子萧赜说:"不是此翁,我们哪有今天?"又说:"当令阿玉解下扬州刺史的大印,转授于你。"阿玉是萧道成第二个儿子、豫章王萧嶷的小名。

萧道成对这位族弟颇为信任,让他掌管禁卫军,并担任丹阳尹——首都建康的"市长"。萧顺之死后,还获得了仅次于宰相的"镇北将军"的荣誉性职务,归葬东城里祖茔。

建陵前的神道旁,自入口处开始,依次为石兽、石础、石柱和石龟趺。

这对石兽均是雄性麒麟。它们两翼微翘,细鳞中饰有五瓣小花;兽脊有连珠状的装饰,前后通贯。只可惜四肢基本毁坏,靠水泥方柱支撑着残躯。

北面的麒麟,独角已经残缺,身长3.05米,残高2米,颈高1.25米,体围2.7米。

南面的麒麟,面部被整齐地削去一半,双角已失,身长3.1米,残高2.3米,颈高1.5米,体围2.76米。

方石6件,位于石兽和石柱之间,已经看不出石础上面的结构。有一种观点认为,它们是墓阙的组成部分。

石柱一对,大体完整,柱身伤痕累累,圆盖顶上的小兽已经消失。两根柱身的上部各有一块长方形柱额,上面刻着"太祖文皇帝之神道",清清楚楚地标明了墓主的身

东方文化符号

萧顺之建陵石刻　2015年摄

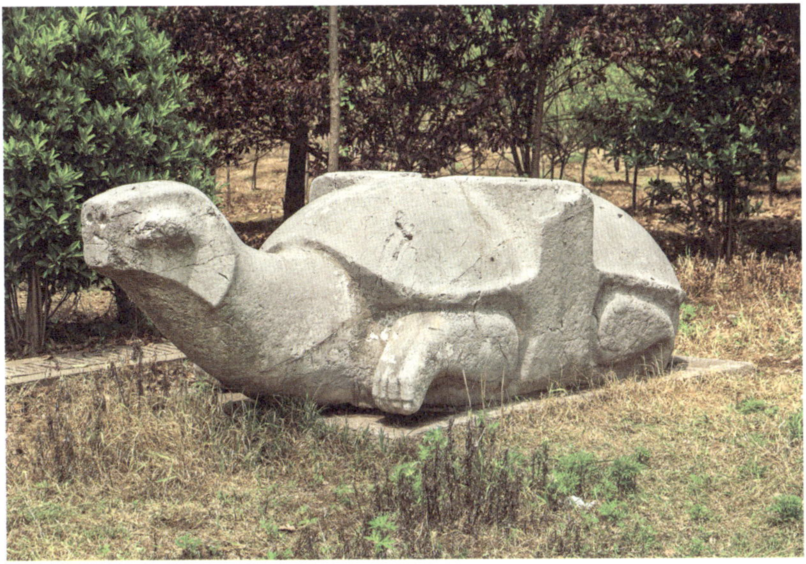

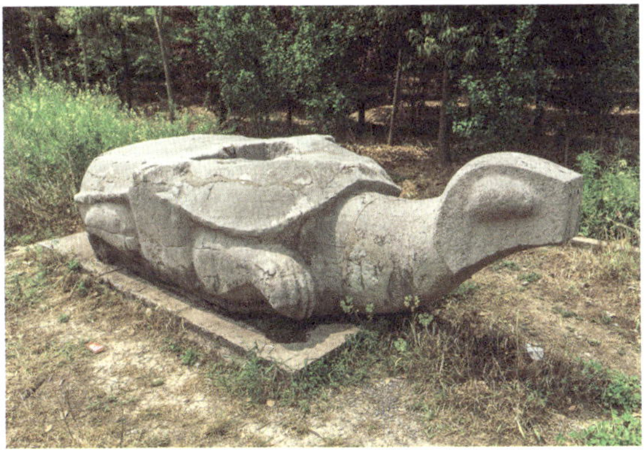

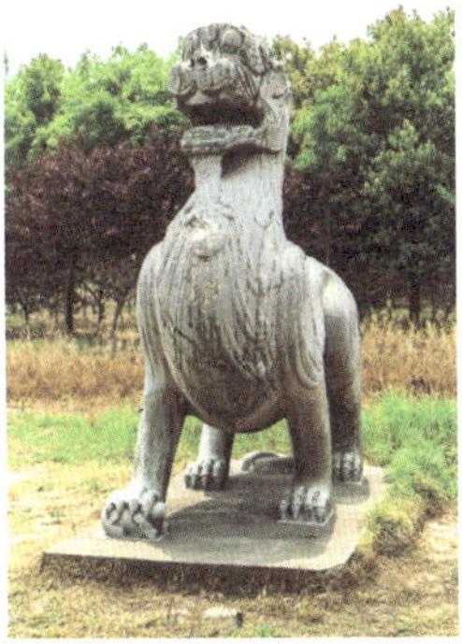

份，省去了后来的众多猜疑。

龟趺一对，上面的石碑已鸿飞冥冥。

建陵营建于萧梁初期，石刻风格接近稍前的南齐，但石兽的体型大了许多，可见蒸蒸日上的国势不可避免地影响到时代的艺术创作；而雕刻在石柱上的那两行字，一个是正书顺读，另一个则是反书逆读，犹如用一面镜子照射出的另一个自己，呈现出当时一种特别的审美趣味。

父凭子贵，在萧衍做了皇帝后，萧顺之被追尊为文皇帝。萧衍曾多次回到故乡，祭祀建陵。

那种盛大的场面，石兽若能通灵，必定会在心中留下难以磨灭的印象。

萧衍修陵

公元502年农历四月，萧衍在建康的南郊祭告天地，宣布改朝换代。

38年前，他就出生在这里。

萧氏本系寒门，通过数代人的奋斗，一步步提升家族的名望。到了南齐时代，萧姓终于可以与王、谢比肩，并称江南的第一流豪门。

在萧衍的身上，也附会了很多玄怪神话。例如：母亲在怀孕时，梦到了红日入怀；他生下来后，右手心有一个"武"字斑纹；所住的房间，常有云气浮绕……

在史官的笔下，帝王无不身有异禀，以示天命有归。

抛开这些神怪之说，萧衍其实颇有才学。他和沈约、

萧衍修陵麒麟侧面
2014 年摄

萧衍修陵麒麟正面
2014 年摄

麦田中的修陵石刻
2005 年摄

谢朓等另外七个人，是南齐竟陵王萧子良的座上宾，被称为"竟陵八友"。其中，沈约是刘宋官史《宋书》的作者；谢朓出身名门，是著名的山水诗人，与谢灵运并称"大小谢"。

南齐末年，朝政紊乱。萧衍在雍州刺史任上，远离政治旋涡，暗中积蓄军事力量。

那段时间，反抗东昏侯萧宝卷暴政的洪流此起彼伏、前仆后继。

终于，由萧衍收得大功。

据司马光《资治通鉴》记载，刚当上皇帝的萧衍，与南齐王室成员萧子恪、萧子范兄弟有一段对话。他自信地认为，自己之所以得到天下，是顺其自然、天命有归。

因为有这样的自信，萧衍只杀了对自己地位有威胁的傀儡皇帝萧宝融，对其他南齐王室子弟"仁慈"地网开一面。甚至，官史《南齐书》也是萧道成的孙子萧子显撰写的。

萧衍是中国历史上第二长寿的皇帝，享年86岁。假如没有侯景之乱，他很有可能将"第一"的称号夺到手。

萧衍的仁慈，未能保佑子孙的幸福。在他死后，子孙不是被外敌杀害，就是骨肉相残。10年不到，他辛苦创立的萧梁王朝就付诸流水东去。

修陵在建陵北面100米处，陵前仅存雄性石麒麟1只，位于神道北侧。

麒麟身长3.15米、身高2.18米、颈高1.45米、体

石柱2件，位于修陵西南不远处　2014年摄

围2.23米。

它整体保存较为完整，双角采用透雕工艺，顺颅顶后伏，中部起节；身有双翼，前为阴刻涡纹，后为浮雕翎羽；四足粗壮，右前足下攫有一只小兽。

萧纲庄陵

距修陵不远处，是萧衍之子、简文帝萧纲的庄陵。

萧衍生有8个儿子。

长子萧统英年早逝，谥号"昭明太子"。

次子萧综，据说是东昏侯萧宝卷的遗腹子。他于525年流亡北魏，客死异乡。

萧纲排行第三，在萧衍称帝的第二年生于建康皇宫内，3岁时被封为晋安王。

史书称，萧纲长得眉清目秀，皮肤白皙如玉，人又聪慧，读书一目十行。萧衍曾经赞叹道："我这个儿子，是萧家的'东阿'啊。"——东阿，就是今天的山东东阿县，三国时期，这里是曹操次子曹植的封地。

确实，相同的出身背景、成长环境，造就了萧纲与曹植颇为相似的气质和才情。

公元531年农历四月，萧统病故；次月，萧纲被立为太子。

公元548年，侯景作乱，攻陷建康，昔日的繁华都市化作一片瓦砾场。萧衍忧愤而死，45岁的萧纲被侯景立为傀儡皇帝。

次年农历十月，百济国的使臣来到建康朝贡，看到宫室荒芜，不禁伏于阙下大哭。

公元551年农历八月，侯景终于将萧纲废黜，幽禁于宫中，改立昭明太子之孙、豫章王萧栋为傀儡皇帝。3个月后，侯景又废黜了萧栋，干脆自己称帝，国号"汉"。

又过了4个月，萧衍第七子、湘东王萧绎，也就是后来的梁元帝，派大将王僧辩、陈霸先攻入建康，侯景兵败身死。此前的冬天，萧纲已为侯景派人用土袋闷杀，埋于酒库地下。萧绎即位后，才将他安葬于庄陵。

庄陵，南距萧衍的修陵石刻约60米。陵前仅余石麒麟1件，而且饱受摧残、身躯残缺。它巨头微扬、张口吟啸，鬣须飘拂在胸前，身高3.16米，仅有的左前足五爪上抬。

六朝石刻

萧纲庄陵麒麟
2003 年摄

萧纲庄陵麒麟头部
2014 年摄

萧纲庄陵麒麟正面
2014 年摄

千年的风雨早已将庄陵坟冢削平，只有这只剩下半截身子的石麒麟立在神道旁，默默地陪伴着不幸的主人。

三城巷帝陵石刻

在萧顺之建陵南面60米处，尚有一座帝陵，现存石麒麟2件。旧说为"齐明帝兴安陵石刻"。今据曾布川宽推断，墓主是梁敬帝萧方智。

萧方智，是梁元帝萧绎的第九子。

公元554年农历十一月，西魏军袭占江陵，萧绎被俘遇害。时任江州（今江西省九江市）刺史的萧方智，成为各方博弈的一枚棋子，从代理皇帝到太子，再从太子到正式称帝，还没来得及将皇帝宝座焐热，就被迫禅位于权臣陈霸先。

公元558年农历三月，陈霸先派人将15岁的萧方智杀害，追谥为敬帝。

萧方智的陵前，现存石麒麟2件。

南面的麒麟为雄性，独角残缺，四足和尾巴已失，几经修补，目前基本完好。它身长3.02米、残高2.78米、颈高1.35米、体围2.78米；鬣须下垂胸前，脊背上饰有连珠纹，双翼舒展，腹部也有羽翅纹。从整体上看，这只麒麟体态匀称，融合了南齐石刻的灵巧与萧梁石刻的大气。

北面的麒麟，头部、四足、躯体均已残缺，依稀有些石兽的模样，目前用2块水泥墩将残躯撑起。

萧绎生前，一目失明。他和妻子徐昭佩感情不和，徐

六朝石刻

三城巷帝陵南麒麟
2014年摄

三城巷帝陵南麒麟
侧面 2014年摄

三城巷帝陵石刻
全景 2014年摄

昭佩每每化"半面妆"，以此嘲讽夫君。看到萧方智陵前的这两只石兽，一个完好、一个缺损，不免让人想起与他父母相关的这个典故。

三、以甘家巷为中心的萧梁王侯墓石刻

自丹阳向西，沿着今天的312国道驶向南京，一路与宁镇山脉并行。

进入南京地界后，大致以312国道为界，在公路之北、长江之南，栖霞山西麓和钟山东北麓之间的盆地上，也就是朱偰先生在《建康兰陵六朝陵墓图考》中所说的"栖霞山、尧化门、笆斗山"地域，散落着一些海拔不高的小山头，六朝的王公贵族往往聚族下葬于此。

齐、梁两代的王室成员血缘相通，也同样遵循聚族而葬的传统。因此，在今天的南京甘家巷、麒麟门一带，形成了相对集中的墓葬区。

目前，除文献上记载萧颖胄墓位于甘家巷一带、考古发掘证明萧子恪墓位于灵山（在栖霞区东南部）之外，其他南齐王侯墓迄无所见。1988年，在甘家巷北考古发掘了一座六朝墓葬，墓主是萧景之父萧崇之的侧室王宝玉。据推测，萧崇之的墓应该就在附近。

公元502年农历四月，萧衍登基的第二天，就颁布了一项人事任命：

六弟萧宏为扬州刺史，封临川王；七弟萧秀为南徐州（今江苏省镇江市）刺史，封安成王；八弟萧伟为雍州刺史，封建安王；九弟萧恢为左卫将军，封鄱阳王；十一弟萧憺为荆州（今湖北省荆州市）刺史，封始兴王。

其中，萧恢执掌首都的禁卫军权，其他皇弟分守重镇。

在此前后，萧衍又追封了已故的几位兄弟：长兄萧懿为长沙宣武王、二兄萧敷为永阳昭王、四弟萧畅为衡阳宣王、五弟萧融为桂阳简王。

萧懿、萧敷、萧畅墓已不可考；萧宏墓则距离甘家巷较远，应属萧梁王侯的另一处墓葬区，拟另节再叙。

以今天的栖霞区甘家巷为中心，相对集中地安葬着6位萧梁王侯。

他们是萧衍之弟萧融、萧秀、萧憺和萧恢，堂弟萧景，侄子萧暎；此外，尚有尘埃落定的昭明太子萧统墓，和墓主身份存疑的北家边失考墓。

这片区域，集中着六朝石刻的精华，令世人驻足惊叹。

萧融墓石刻

萧融生于472年。萧齐东昏侯萧宝卷时，他的长兄萧懿任尚书令，位高权重，引起萧宝卷的忌惮。501年，萧宝卷用毒药杀害了萧懿。萧懿的弟弟们藏匿在建康的里巷中，无人告发，唯有萧融不幸被搜出，与长兄同时遇害，享年29岁。

公元502年农历十一月，萧融被安葬于今天的墓址，位于南京炼油厂小学内。

墓前的石刻，现存石辟邪2件，石柱柱头残存小辟邪

东方文化符号

萧融墓西辟邪

萧融墓东辟邪局部　　　　萧融墓东辟邪羽翼

（赫达·莫里逊　摄于 1944 年）

萧融墓东辟邪 　　　　萧融墓西辟邪

（赫达·莫里逊　摄于1944年）

1件。

当年，因为石碑等物已失，墓主无从考证，朱偰先生就将这处位于栖霞山西北的墓葬，用附近的村庄名字，将它暂定为"张家库失名墓"。

1980年，南京炼油厂在进行建设时，于工地上发掘出一处墓葬，距离石辟邪大约千米。经考古发掘，根据出土墓志得知，墓主就是萧融。于是，这些石刻也有了归属，被定为"萧融墓石刻"。

在南京地区现存的石辟邪中，这对应该是雕刻时间最早的。从整体上看，体态壮硕，威风凛凛，仿佛昭示着"太平盛世"的到来。

它们昂首向天、张口吐舌，头有鬃毛，颔下无须，身侧有双翼，四足抓地，长尾下垂。

东北面的辟邪为雌性，保存尚好，头微微偏南，身长

3.3 米，身高 2.46 米，颈高 1.2 米，体围 3.94 米，其中右前足前迈。

西南面的辟邪为雄性，曾经残缺严重，现已黏合修复，身长 3.84 米，体围 4.07 米，其中左前足前迈。

不远处，是 1 只石柱柱头的小辟邪，头部已失，下面连有圆座。它曾经傲立在石柱顶端，如今却跌落尘埃。

萧秀墓石刻

一走进栖霞区甘家巷小学的大门，就看到了塑钢天棚下的萧秀墓石刻。

萧秀墓前，现存：石辟邪 2 件；石柱 2 件，其中 1 件仅存柱座；石碑 4 通，其中较完整的 2 通；龟趺 2 件。

萧秀性格仁厚，任南徐州刺史时，坐镇京口，曾以个人财产救济百姓；此后历任江州、荆州、郢州（今湖北省武汉市）的地方官。在郢州刺史任上，因夏口（今武汉市汉口区）常为战场，到处是死人的骸骨，萧秀便命人将这些骸骨掩埋于黄鹤楼下。

在赴任雍州刺史的途中，萧秀病故，谥号"安成康王"。纂修神道碑文时，他门下的学士王僧孺、陆倕、刘孝绰、裴子野各写了一篇，篇篇精彩，难以取舍，于是竖立 4 通石碑，成为六朝石刻的创举。

民国时期，朱希祖、朱偰父子进行调查时，萧秀墓石刻散落于村舍菜畦之间。20 世纪 50 年代，南京市文物保管委员会对这些石刻进行了整修加固。70 年代，考古工

六朝石刻

萧秀墓西辟邪局部 　　萧秀墓东辟邪 　　萧秀墓西辟邪
（赫达·莫里逊　摄于1944年）

萧秀墓东石碑　2001年摄 　　萧秀墓东辟邪　2001年摄

萧秀墓龟趺　2001年摄 　　萧秀墓西辟邪　2001年摄

萧秀墓东侧石刻

萧秀墓石刻全景

萧秀墓东龟趺

萧秀墓西石柱局部

萧秀墓西侧石柱和石碑

（本页图片由赫达·莫里逊摄于1944年）

作者又在甘家巷发掘出38座大小墓葬，其中距石刻千米处的六号墓，被认定为萧秀墓。

萧秀墓前石刻，自南向北依次为：

石辟邪一对，均为雄性。东面的辟邪，身长3.35米，身高2.95米，颈高1.3米，体围3.6米；西面的辟邪，身长3.07米，身高3.02米，颈高1.45米，体围3.7米。

石碑一对，西面的石碑已失，仅存龟趺；东面的石碑缺损左侧一角，高4.35米，宽1.4米，碑文已经漫漶难认。

石柱一对，东面的石柱仅存柱座；西面的石柱较完整，柱围2.12米，通高4.62米，顶上的圆盖已无存，上面的小辟邪现存南京博物院。石柱的柱额上，刻有反书的萧秀官职名"梁故散骑常侍"。民国时，还能看清"故散"二字。

最后，还有石碑一对，保存尚完好。东面的石碑，高4.15米，宽1.13米，碑文已经磨灭；西面的石碑，高4.1米，宽1.5米，正面碑文难辨，碑阴的人名尚存；碑额上书"梁故散骑常侍司空安成康王之碑"。

石刻裂痕累累，饱经沧桑。

萧憺墓石刻

在栖霞区栖霞街道新合村甘家巷西，距离萧秀墓石刻500米处，是彼此相邻的萧憺墓石刻和萧恢墓石刻。

萧憺与萧秀感情最为要好，萧秀死时，他伤心得吃不下饭食。萧憺久任荆州刺史，守卫着帝国的西北边疆。奉诏回首都建康后，荆州的百姓怀念他，编唱歌谣："始兴王，民之爹。赴人急，如水火。何时复来哺乳我？"

萧憺死后，谥号"始兴忠武王"，墓前现存石辟邪2件、石碑1通、龟趺2件。

东面的辟邪为雄性，身长3.75米，身高2.92米，头部残缺，腰部中断；昂首挺胸，双翼前部雕饰浪花，后为长翎，额下须毛作八缕下垂，身刻卷云纹；腹下有小辟邪2只，一只身长1.25米，高1.14米，另一只身长1.14米，高1.05米，张口伸舌作伫立状，雕刻简朴生动。

西面的辟邪，仅存后胯。

石碑北距辟邪20米，高4.45米，宽1.6米，碑额上书"梁故侍中司徒骠骑将军始兴忠武王之碑"。碑文略有剥蚀，尚能辨认的有2800余字，是保存最完好的一通六朝石碑。

为保护这通石碑，有关部门先是建了碑亭，后又安装了玻璃罩。

而在它对面，一件破损的龟趺独自匍匐在野地中。碑亭北面10多米处，还有一件龟趺。

或许，萧憺与萧秀墓石刻一样，当初也是四碑共建。

萧恢墓石刻与神巷失考墓石刻

萧恢是一位性格豁达、轻财好施之人，颇有军事才能，萧梁初年担任禁卫军长官，负责守卫石头城，又历任南徐州、郢州、荆州和益州（今四川省成都市）刺史，50岁

六朝石刻

萧恢墓辟邪足部
2007 年摄

萧恢墓西辟邪
2014 年摄

萧恢墓西辟邪侧面
2014 年摄

萧恢墓东辟邪
2014 年摄

萧恢墓石刻全景 　萧恢墓西辟邪 　萧恢墓东辟邪
（赫达·莫里逊　摄于 1944 年）

时死于荆州任上，谥号"鄱阳忠烈王"。

萧恢墓前，现存石辟邪2件，东西对立。它们均为雄性，体态肥硕，昂首张口，长舌及胸，头有鬣须，身有双翼，长尾垂地。

东面的辟邪，身长3.35米，身高3.15米，颈高1.35米，体围4米；西面的辟邪，身长3.46米，身高3.17米，颈高1.34米，体围4.2米。

这对辟邪曾经断裂残缺，现在用化学黏合剂加以修复，大体上再现了当初的气势。

与萧恢墓石刻隔着一条神巷，尚有一件失考墓石刻——残缺的龟趺。它的主人是谁？有一种观点认为，神巷失考墓石刻属于萧憺世子、始兴嗣王萧亮。

萧景墓石刻

栖霞大道南侧，平芜空旷，长满杂草野花。

这里是著名的萧景墓石刻所在，它距离萧憺墓石刻大约1.7公里，位于栖霞区栖霞街道十月村。现存石辟邪2件，其中1件埋于地下，以及石柱1件。

萧景是萧崇之的长子、萧衍的堂弟。

南齐时，萧景做过文职的县令，也做过武职的步兵校尉。萧梁建立后，他作为王室成员，深受萧衍信任，先后镇守南兖州（今江苏省扬州市）、郢州。

公元523年，46岁的萧景在郢州病故，归葬建康，谥号"吴平忠侯"。

萧景墓前，有东西相对的 2 件辟邪。

西面的辟邪为雌性，破损严重，虽于 1956 年发掘出土，因为难以修复，只得埋于地下；2009 年再次发掘出土，复又掩埋起来。

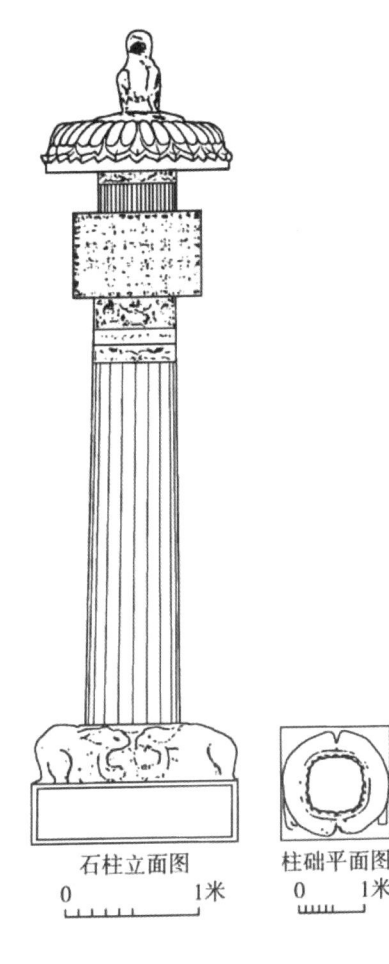

东边的辟邪为雄性，1957 年，由南京市文物保管委员会组织专家进行了抢救性修复，大体完好，臀部略有残损。这只辟邪，算得上是六朝众多石兽中最著名的，身长 3.8 米，身高 3.5 米，颈高 1.7 米，体围 3.98 米。它鬣鬃披张、阔口巨舌，胸前为勾云纹饰，两胁为六翎双翼，腹藏阳具，

萧景墓石柱手绘图（摘自杨宽《中国古代陵寝制度史研究》，上海古籍出版社 1985 年版）

东方文化符号

萧景墓石辟邪　　　　　　　萧景墓辟邪局部

萧景墓神道石柱局部　　　　萧景墓石辟邪

萧景墓东石柱柱头　　萧景墓西石柱柱额　　萧景墓西石柱

（赫达·莫里逊　摄于1944年）

萧景墓西辟邪，现已埋入地下　2010年摄 　　萧景墓辟邪　（赫达·莫里逊　摄于1944年）

四足孔武有力。

萧景墓前的石柱，虽然经历风吹雨打，依旧笔直竖立着。

石柱高6.5米、柱围2.45米，柱头圆盖上立着小辟邪。矩形柱额上，以楷体反书着萧景的官职和爵位——"梁故侍中中抚将军开府仪同三司吴平忠侯萧公之神道"。

柱额侧面，刻有"礼佛童子"图案，童子披衣袒肩、赤着脚，手持莲花；柱额之下，是浮雕力士像，具有浓郁的佛教意味。

萧景墓石柱，在六朝神道石柱中保存最为完好。它造型精巧、装饰华美，是驰名中外的雕刻艺术品。

需要指出的是，萧景的本名为"萧昺"。唐人在写《梁书》和《南史》时，因为唐高祖李渊的父亲名叫李昞，亦作李昺，为了避讳，遂将"萧昺"改为"萧景"，讹传至今。

萧暎墓石刻

萧暎墓石刻，在甘家巷北面的董家边村，距离萧秀墓石刻大约 1.5 公里。

1935 年春，朱偰先生看到一根石柱竖立在水中，柱额上书"梁故侍中仁威将军新渝宽侯之神道"，据此推断为萧暎墓前的遗物。

经过数十年风雨侵蚀，如今柱额上仅能辨识出"侍""军"等字。

萧暎，是萧憺的次子，被伯父萧衍赞许为"吾家千里驹也"。他任广州刺史时，平定了卢子略叛乱，后来死于任上，谥号"新渝宽侯"。

墓前仅存石柱 1 件，半没于土中。

石柱的地上部分，高 3.44 米、柱围 1.82 米，柱头圆盖和小兽均失；柱额下有浮雕一组，中间是一名力士以手承额，左右各有一人蹲踞，也做出举手承额的样子。

萧统墓石刻

与萧融等人的陵墓石刻隔着一条栖霞大道，在栖霞区栖霞街道南象山公墓的东北隅（旧称"新合村狮子冲"），伫立着一对著名的六朝石兽。

关于这对石兽的风采，朱偰先生当年这样写道："由甘家巷越土山而南，里许至狮子冲，有石麒麟二，其一已损，半倾地上；其一尚完好，独角六翼，东向兀立。其地后环土山，前对平岗，当大道之北，为帝王陵寝无疑。惟是宋是陈，颇难断言，观其作风，华美而精致。"

既然是帝陵，这位帝王是谁？陵墓的具体名称为何？

六朝石刻

萧暎墓石柱　2000 年摄

萧统墓东麒麟　2009 年摄

萧统墓西麒麟　2014 年摄

萧统墓西麒麟侧面　2014 年摄

萧统墓石刻全景　2014 年摄

萧统墓麒麟 　　萧统墓麒麟，测量中　朱偰先生拍摄的狮子冲陵墓石
（赫达·莫里逊　　摄于 1944 年）　　刻（摘自《建康兰陵六朝陵墓图考》）

萧统墓麒麟局部 　　萧统墓麒麟正面 　　萧统墓麒麟背部
（赫达·莫里逊　摄于 1944 年）

历来众说纷纭。

有学者认为是陈文帝陈蒨的永宁陵，也有学者认为是宋文帝刘义隆的长宁陵，或是昭明太子萧统的安陵，甚至有认为是梁元帝萧绎的陵墓。

其中，以"陈文帝永宁陵"之说影响最广。石兽旁竖立的文保碑也定名为"陈文帝陈蒨永宁陵石刻"。

答案，到了 2013 年终于揭晓。

这一年的初春，考古工作者在距离"永宁陵石刻"约

350米的北象山南麓发掘出两座六朝大墓。两座墓葬规模大致相当，北靠北象山，左右两旁山丘环抱，前面是一片平地，南象山偎依于前。

这两座墓葬，被取名为"M1"和"M2"。墓室打开后，萦绕多年的谜团终于有了答案。

《南京栖霞狮子冲南朝大墓发掘简报》这样写道：

"狮子冲两座墓葬中分别出土两块纪年砖，M1出土'中大通贰年'（530）纪年砖，M2出土'普通七年'（526）纪年砖，所显示的纪年均为萧梁时期的年号，为两墓的埋葬年代提供了判断依据。"

据专家分析，萧统的母亲丁贵嫔死于普通七年十一月，他本人在中大通三年病故。两人的去世和下葬时间，与墓葬中的"普通七年"和"中大通贰年"铭文砖有着极高的吻合度。

《发掘简报》总结道："结合狮子冲两座南朝大墓所处位置、墓前石刻、形制规模、纪年文字以及两墓并排紧邻的位置关系，结合文献记载，我们初步认定，狮子冲两座南朝大墓的墓主分别为梁昭明太子萧统（M1）及其生母丁贵嫔（M2）。"

梁武帝萧衍，有8个儿子。

其中，丁贵嫔生有昭明太子萧统、简文帝萧纲和庐陵王萧续。

公元501年农历九月，萧统生于襄阳。

那时候，萧衍正领兵围攻建康。长子出世、萧齐军东府城守将徐元瑜的倒戈、政治上最有力的竞争对手萧颖胄暴病而亡，三重喜事接踵而至。

萧梁初年，萧统被立为太子。

丁贵嫔母以子贵，由于皇后郗氏已故，她成为事实上的后宫女主。526年农历十一月，丁贵嫔病逝。萧统哀伤过度，体形由"腰带十围"，变得消瘦不堪。

萧统为亡母修墓时，被道士诓骗，将蜡鹅等物埋在墓地旁，以求吉利。结果，有小人向萧衍告发，认为此举为"厌祷"——用巫术祈祷鬼神，诅咒萧衍早死。

这是有先例的：汉武帝刘彻时期，太子刘据就被人诬告有"厌祷"行为，结果被逼谋反，含冤而死。

萧衍派人挖出蜡鹅等物，将它们作为证据，认为萧统意图成为"刘据第二"。在大臣的劝谏下，萧衍放过儿子，只杀了道士。然而，父子之间的心结再也难以解开。

5年后的一天，萧统乘舟游湖时，不慎落水，一病不起。

他死后，谥号"昭明太子"，与母亲葬于一处。

2016年，考古工作者在昭明太子陵墓四周又发现了陵墙、陵阙的痕迹，以及多座小型墓葬。

遥想当年，狮子冲的两座大墓巍然而立，周围的陪葬墓仿佛众星拱月。

神道前方，石麒麟东西相对，昂首问天。

东面的麒麟，双角，身长3.11米，身高3米，颈高1.5

米，体围 3 米；西面的麒麟，独角，身长 3.19 米，身高 3.02 米，颈高 1.5 米，体围 2.94 米。

这两只麒麟，是现存六朝陵墓石兽中最为完美的一对。

它们眦目张口，双翼微翘，左腿前迈，脚趾上抬，仿佛将要展翼飞升。

两只麒麟具有明显的雄性特征，周身雕刻着花瓣纹和云纹，大气而美观，甚至有几分可爱。

它们默默陪伴着墓中的主人，暗藏着秘密和心事，走过千年。

北家边失考墓石刻

在栖霞区尧化街道北家边、仙新路东的树林里，有石柱 2 件，标明"萧伟墓石刻"；另有一块石碑，写着"南朝梁南平王萧伟墓阙基址"。

萧伟，是梁武帝萧衍的八弟，在萧梁建立的过程中守卫襄阳，立有大功。

萧衍称帝后，封他为建安王，后来又改封南平王。

萧伟晚年多病，常住建康，他的府第是萧齐时的芳林苑，萧伟又踵事增华，使得这座豪宅倍加壮丽。

公元 533 年，萧伟去世，享年 57 岁，谥号"南平元襄王"。

1978 年，北家边村的农民在翻垦田地时，发现了一对石柱，已经折为数段。随后，考古工作者前往勘查，发现西柱尚存柱座、柱身、柱额和柱盖，柱额上有"梁故侍

"萧伟墓阙"复原图（摘自朱光亚、贺云翱、刘巍《南京梁萧伟墓墓阙原状研究》，《文物》2003年第5期）

中中抚"的字样；东柱仅有部分柱身和柱座。

勘查结束后，这对石柱又被原地掩埋。

1979年，在石柱北边约1公里处的周家山老米荡，考古工作者发掘出一座六朝墓葬。在当时的《考古简报》中，将墓主推定为萧伟。由此，学界大多认可这对石柱属于萧伟，文保碑也将这里标注为"萧伟墓石刻"。

时间又过去了20年。

2000年在建设仙新路时，考古工作者对这处区域进行了考古发掘，不但将埋于地下的石柱重新挖出，又发现了一座被认为是"萧伟墓阙"的建筑遗存。

根据《发掘简报》的描述，这一建筑遗存平面呈正方形，由东西两座"阙体"构成，中间是神道；"阙身"主体为黄土夯筑，"阙座"以青砖垒砌；"阙顶"的板瓦印着莲花纹和忍冬纹图案，至今清晰可见。

考古工作者通过复原发现，"萧伟墓阙"与现存的汉阙形象差别较大。

北家边石柱残件　2014 年摄

北家边石柱残件　2014 年摄

对此，学者王志高认为，它有可能是陵园的陵门。通过对出土墓志、人骨基因、石柱题额等的分析，综合萧景和萧伟的官职履历，他进一步考证得出，这座墓葬真正的主人并非萧伟，而是萧景及其夫人王氏。

在北家边南面约2公里处的十月村，是众所周知的萧景墓石刻，这里如何又会出现一处"萧景墓石刻"？

王志高的推测是：萧景去世后，葬于十月村；侯景叛乱时，墓地很可能遭到平毁；叛乱平定后，萧景重新迁葬至老米荡，并竖立石柱一对。

本书采取折中的说法，将这对石柱仍然称作"北家边失考墓刻"。

这对石柱，如今放置在林间，或立或卧，均已残损。尚有几个残余石块，无从辨认究竟为何物。

四、其他可考的萧梁王侯墓石刻

钟山往东，312国道之南，大致在马群、灵山、麒麟门的三角形地域内，也有一处萧梁王侯墓葬区，分布着众多精美石刻。

其中，最著名的是临川靖惠王萧宏墓石刻。

此外，失名失考的尚有狮子坝失考墓石刻、后村失考墓石刻；不在原址而被博物馆收藏或散佚的有张库村、灵山、麒麟山庄等失考墓石刻。

前文提及的"宋武帝刘裕初宁陵石刻"，也在这个三角形地域里面。

在今天的南京市江宁区境内，还有一处萧梁王侯墓葬区。

这里有建安敏侯萧正立墓石刻，以及附近的侯村、宋墅村、耿岗等失考墓石刻；在距离较远的西南方、今天的江宁区滨江开发区内，亦即文献上所说的"江宁旧茔"，是方旗庙失考墓石刻，墓主疑为梁元帝萧绎及其生母阮修容。

最后，是孤单单坐落于句容市境内的南康简王萧绩墓石刻。

本节介绍的是明确可考的萧宏、萧绩、萧正立墓石刻。

萧宏墓石刻

在今天的栖霞区仙林大学城学则路南，坐落着临川靖惠王萧宏墓石刻。向南距离石刻约1公里处，在白龙山的北坡，20世纪90年代考古发掘出一座六朝墓葬。这座墓葬与石刻显然有着密切关联，被认为就是萧宏之墓。

墓前，现存石辟邪2件、石柱2件、石碑2通，是标准的"三对六件"石刻组合。

石辟邪均为雄性，东西对立。

西面的辟邪已毁。东面的辟邪为雄性，身长3.3米，身高2.86米，颈高1.35米，体围3.35米；昂首挺胸，张口伸舌，双翼伸展，左腿前迈，长尾粗壮。

这只石兽体态雄浑有力，一副威风凛凛的模样。

石柱2件，东西各一。

西柱的柱头圆盖和小辟邪皆已脱落，通高5.52米，

萧宏墓石刻

萧宏墓石柱和石碑

萧宏墓石辟邪

柱围 3.08 米，柱身有 28 道隐陷直刻棱纹，是棱数最多的六朝石柱；柱额尚存，隐约可辨"梁故假黄钺侍中大将军扬州牧临川靖惠王之神道"的字样。

东柱原先断为数段，后来修复，顶端莲花形圆盖尚存，柱额已失，造型与西柱相仿。

石碑 2 通，同样是东西对立。

东面的石碑已毁，仅存龟趺。西面的石碑基本完好，碑文已经无法辨认，碑身两侧是神怪、羽人、朱雀、青龙等图案的浮雕。

值得一提的是：有学者考证，萧宏墓碑的碑额图案反映了祆教主题。祆教就是"琐罗亚斯德教"，也就是金庸武侠小说《倚天屠龙记》里提及的"明教"。

它是波斯萨珊王朝的国教，南北朝时传入中国，在北魏和萧梁均有信徒。与其相关的图案出现在萧宏墓碑之上，亦不为怪。

在梁武帝萧衍的弟弟中，萧宏是最受器重的一位。

萧衍称帝之初，就封他为临川王，领扬州刺史。3年后，他率领大军北伐，军容之盛、装备之精，超过了东晋和刘宋。然而，这支军队扎营洛口（今安徽境内）时，夜逢风雨，将士们竟以为北魏军来袭，一夕溃散。

萧宏逃回建康后，依然宠信不减，长期担任宰辅职务。

他政绩平平，却生财有道，家中的上百间库房内，金银财宝堆积如山。有人向梁武帝告密说，萧宏收藏兵器，企图谋反。萧衍亲自前往六弟家中查看，见到库房里的真相，疑虑顿消，大赞萧宏有经济头脑。

事实上，萧宏确有谋反举动。他与侄女永兴公主私通，企图刺杀萧衍，被及时识破。奇怪的是，萧衍竟不怪罪这位六弟。

萧宏得以善终，享年53岁。

萧正立墓石刻

萧正立是萧宏与宠妾江无畏所生之子，自幼颇受宠爱。

长兄萧正仁早亡，他越过一众兄长，被父亲萧宏立为

萧正立墓南辟邪　2014年摄

萧正立墓南石柱　2003年摄

萧正立墓北辟邪　2014年摄

萧正立墓北辟邪羽翼　2014年摄

萧正立墓辟邪全景　2014年摄

萧正立墓辟邪，昂首向天

王位继承人。父亲死后，他主动将王位让予二兄萧正义承袭，深得伯父萧衍嘉许。

萧正立后来官至丹阳尹，相当于今天的南京市市长，死后，谥号"建安敏侯"。

萧正立墓现在江宁大学城江苏海事职业技术学院校园内。

墓前石刻，现存石辟邪2件、石柱2件。

石辟邪南北相对。

北面的辟邪为雄性，身长2.15米，身高2米，颈高0.7米，体围2.47米；南面的辟邪为雌性，身长2.2米，身高2米，颈高0.8米，体围2.47米。

两只辟邪均昂首张口，长舌垂胸，长尾垂地，头有鬣毛，腹侧饰双翼，后有4根翎毛，胸前饰勾云纹。

与父亲萧宏墓前的石兽相比，萧正立墓前的这对石兽体型较小，体现了王、侯在体制上的差别。

石柱2件，皆风化严重，柱头圆盖与小辟邪均无存。南柱有23道隐陷直刳棱纹，柱高3.45米，柱围1.74米；北柱只有20道隐陷直刳棱纹，柱高3.44米，柱围1.84米。

两柱皆有柱额，同样刻着"梁故侍中左卫将军建安敏侯之神道"的字样，一个正书顺读，另一个正书逆读。字迹早已漫漶，无法辨认了。

萧绩墓石刻

南康简王萧绩，是萧衍的第四子。

六朝石刻

萧绩墓石柱全景
2008年摄

萧绩墓东辟邪
2015年摄

萧绩墓西辟邪
2015年摄

东方文化符号

萧绩墓石柱

萧绩墓石辟邪

公元509年，4岁的萧绩受封南康王，6岁起就担任南徐州刺史、南兖州刺史等职务，25岁时病故。

萧绩墓石刻，位于句容市句容经济开发区内，现存石辟邪2件、石柱2件。

石辟邪东西相对。

东面的辟邪为雌性，身长3.85米，身高3.4米，颈高1.4米，体围4.2米；西面的辟邪为雄性，身长3.75米，身高3.33米，颈高1.45米，体围4.28米。

这对石兽均胸凸腰耸，张口伸舌，双翼伸展，长尾曳地；足分五爪，雄兽左足向前，雌兽右足向前，协调对称。

石柱一对，东柱完好，柱头圆盖和小辟邪均存；西柱顶端圆盖和小辟邪有残缺。

柱身有24道隐陷直刳棱纹，柱围2.81米；柱额也都完好，刻有楷书"梁故侍中中军将军开府仪同三司南康简王之神道"，一个正书顺读，另一个正书逆读，所读方向相反。

五、失考和散佚的石刻

齐、梁两代，王室成员众多，他们的墓地分布在江南大地上。随着岁月流逝，有许多陵墓石刻失名失考，甚至风流云散。

本节对它们作一介绍。

（一）其中一类是尚在原址的。

徐家村失考墓石刻

东方文化符号

徐家村石柱　2014年摄

徐家村石柱　2014年摄

徐家村失考墓石刻，位于栖霞区燕子矶街道徐家村，现在金陵石化公司化工一厂内，墓主失考，现存石柱1件。

石柱的柱头圆盖和小辟邪已失，柱身饰有24道隐陷直刳棱纹，石额长1.1米、宽0.8米，刻文早已剥落；柱额下饰有绳辫纹和交龙纹；柱座上圆下方，纹饰也已磨灭。

方旗庙失考墓石刻

方旗庙失考墓石刻，位于江宁区滨江开发区内（原为建中村方旗庙）、锦文路旁，现存石辟邪2件，如今已经辟为石刻公园。

这对辟邪，东西相对，一件完整，另一件后半身残失。东面的辟邪可能为雄性，残长1.5米，身高2.28米，颈高1.11米，体围2.77米。西面的辟邪为雌性，身长2.57米，身高2.04米，颈高0.8米，体围2.58米。

它们均昂首吐舌，头有鬣毛，腹有双翼，作迈步前行状。

1934年，朱希祖、朱偰父子首次发现了这处石刻。2004年，考古工作者在距此约400米的山冈发现一处约5米高的墓葬封土，推断与石刻属于同一座墓葬。墓主是谁？目前有说法是梁元帝萧绎及其生母阮修容。

侯村失考墓石刻

侯村失考墓石刻，位于江宁区江宁科技园内（原为侯村）、侯焦路西侧的绿地中，现存石辟邪2件、石柱1件。

石辟邪东西相对而立。东面的辟邪，身长1.4米，身

方旗庙失考墓东辟邪　2005年摄

方旗庙失考墓西辟邪　2005年摄

方旗庙失考墓石刻全景　2005年摄

朱偰先生（前坐者）等人在调查方旗庙陵墓石刻（摘自杨新华主编《朱偰与南京》，南京出版社2007年版）

六朝石刻

侯村失考墓东辟邪

侯村失考墓西辟邪

侯村失考墓石柱

高1.33米，颈高0.63米，体围1.28米；西面的辟邪，身长1.6米，身高1.38米，颈高0.68米，体围1.32米。

这对石兽体型较小，雕刻简单。

石柱居东，高仅2.73米，柱头圆盖及顶上小辟邪已失；柱座为覆盆式，柱身有20道隐陷直刳棱纹；柱额尚存，文字剥落殆尽。

宋墅失考墓石刻

宋墅失考墓石刻，位于江宁区江宁科技园内（原为宋墅村）的荒地上，现存石柱2件。

西柱的柱座和大半柱身陷于土中，露出地面部分高3.6米，柱围1.58米，刻有24道隐陷直刳棱纹，柱头有圆盖，

六朝石刻

宋墅失考墓石柱

宋墅失考墓石柱局部　2014 年摄

上面的小辟邪已失，柱额上文字漫漶。

东柱已毁，仅存柱座。

耿岗村失考墓石刻

耿岗村失考墓石刻，位于江宁区江宁科技园内（原为耿岗村）的荒地上，仅存石柱1件，露出地面部分高仅1米，柱头圆盖和小辟邪已失。柱身有11道隐陷直刳棱纹，柱额文字漫漶。

另有石柱1件，已移藏于江宁区博物馆。

后村失考墓石刻

后村失考墓石刻，位于江宁区麒麟街道晨光社区（原为后村），现存龟趺1座。

耿岗村失考墓石柱近景　2014年摄

后村失考墓石刻　2014年摄

（二）还有一类是曾经被盗或佚失，或已移藏在博物馆的。

狮子坝村失考墓石刻

狮子坝村失考墓石刻，位于栖霞区马群街道狮子坝村，现存石辟邪1件。

墓主失考，辟邪体型较小，估计是侯一级的陵墓石刻。辟邪身长1.54米、残高1米、腹围约1.3米，四足已残。

狮子坝村，想来是因这只石兽而得名，村民将它视作"镇村之宝"，放置在一个六角形平台内。2014年村庄拆迁，石兽无人照看，遂于2016年5月被盗，10月案件告破，石兽被追回。

狮子坝村失考墓石刻　2014年摄

张库村失考墓石刻

张库村失考墓石刻，位于栖霞区仙林大学城应天学院西面（原为张库村），1997年在萧宏墓石刻南面约500米处发现。

据资料记载，这里存有石柱2件，北面的石柱仅存柱座，南面的石柱柱身断为两截，横卧田中，柱座亦存。

关于墓主的身份，有一种说法是萧宏的次子萧正义。他在萧宏死后承袭临川王爵位，曾任南徐州刺史和东扬州（今浙江省绍兴市）刺史。

由于城市开发，这处石刻已经难觅踪影，去向成谜。

灵山失考墓石刻

灵山失考墓石刻,位于麒麟门东北的灵山,1957年为考古工作者发现,仅存小石辟邪1件,今天也不知去向。

太平村失考墓石刻

太平村失考墓石刻,位于栖霞区燕子矶街道太平村,1984年出土,仅存石辟邪1件,头部略残,尾巴已失,通长1.75米,宽0.5米,身高1.45米。现移藏于南京博物院。

关于墓主的身份,有一种说法是梁简文帝萧纲的长子萧大器。

萧大器,生于523年,551年与父亲萧纲同时遇害,年仅28岁。梁元帝萧绎即位后,追封他为"哀太子"。

东善桥失考墓石刻

东善桥失考墓石刻,20世纪70年代在江宁区(当时尚为江宁县)东善桥地区发现,仅存石柱1件。现移藏于南京市博物馆。

麒麟山庄失考墓石刻

这处石刻近年在麒麟山庄小区发现,为体型较小的石辟邪。现移藏于江宁区博物馆。

马家店失考墓石刻

这处石刻原来位于雨花台区铁心桥马家店附近的田野中,仅存龟趺1件,现移置于白马公园内。

蒋王庙失考墓石刻

太平村失考墓辟邪　2005 年摄

现藏于南京博物院的太平村失考墓辟邪　2013 年摄

东善桥失考墓石柱

麒麟山庄失考墓辟邪　2015年摄

麒麟山庄失考墓辟邪侧面　2015年摄

马家店失考墓龟趺　2014 年摄

据考古学者邵磊自述，2000 年前后，他参与蒋王庙明岐阳王李文忠墓园环境整治时，于墓园堆放杂物的管理用房内发现了 1 件石辟邪。

这件石辟邪与太平村、狮子坝的六朝失考墓石兽规制相仿，通长约 1.65 米，残高 0.8 米，腹部周长 1.45 米，胸部鼓凸，隐约可见向两侧伸展的卷翎纹，短翼，翼膊有阴刻羽纹。

石兽的头部下颌以上部位、后胯部缺失，但可以辨认出其原为蹲踞状。而同样作蹲踞状的石兽，仅见于丹阳烂石垅失考墓和三城巷失考墓。

而从雕刻风格上看，蒋王庙石兽与烂石垅、水经山两

蒋王庙失考墓石兽　2015年摄

座失考墓的石兽颇为接近。据察，石兽双翼的末端各有一个花朵样纹饰，这应该是南齐石兽特有的装饰风格。

　　蒋王庙石兽现藏于六朝博物馆，归属的时代可能为南齐或者梁初。

　　三城巷失考墓石刻

　　2011年，在丹阳三城巷的萧梁帝王陵墓区范围内，出土了1件石兽，后来移藏于丹阳天地石刻园。这件石兽前面两足已残，后肢作蹲踞状。

　　事实上，在萧衍修陵的西南面，尚有2件石柱，推测与石兽属于同一座墓葬。它们的形制均不大，墓主是谁，不得而知。

东吴博物馆石刻

苏州东吴博物馆内,藏有六朝石辟邪1件,形制接近方旗庙石兽,体型基本完整,灵动威猛、雍容大度。

卞壶墓碣

最后要提及的是卞壶墓碣。

由于这通墓碣是用六朝石柱改制而成,也可被视为六朝石刻的一件遗存。现藏于南京市博物馆。

卞壶是东晋初年的名臣,在"苏峻之乱"中战死于青溪栅,墓葬位于冶山之旁。1935年春,朱偰先生在朝天

卞壶墓碣(摘自徐湖平主编《南朝陵墓雕刻艺术》,文物出版社2006年版)

宫访得这通墓碣。

第三节　陈朝天子，帝陵疑云

在江宁区东山街道陈陵路上，原来的"石马冲石刻"遗址，如今已改建为上坊片区的社区公园。公园内，两只高大的石兽相对站立。一旁，竖立着"万安陵石刻"文保碑。

万安陵，是陈武帝陈霸先的陵墓。

在朱偰先生的《建康兰陵六朝陵墓图考》中，最早提出石马冲的这对石兽是万安陵前的遗物。

此后，赞同者有之，反对者亦有之。

反对者认为，六朝帝陵前的石兽，均为独角或双角的麒麟，而石马冲石兽是辟邪的形象，与陈霸先的帝王身份不符；又据文献记载，陈霸先死后，下葬于"上元县东南三十里""彭城驿侧"，位置更为偏东，与今天的石马冲不合；另外，陈朝灭亡后，王僧辩之子王颁为报杀父之仇，对万安陵进行了报复性破坏，就连陈霸先的骸骨都被掘出焚毁，陵前石兽岂有独存之理？

侯景叛乱之后，萧梁王朝处于土崩瓦解的状态，豪强林立，拥兵称雄。

陈霸先也是众多豪强中的一位。

他的祖先南渡后，定居吴兴。于是，陈霸先就成为吴兴郡长城县（今浙江省长兴县）人。他生于503年，年轻

石马冲陵墓东石兽　2014 年摄

朱偰先生拍摄的石马冲陵墓石刻（摘自《建康兰陵六朝陵墓图考》）

时做过家乡的里司,是类似乡长的小官,又当过建康的油库吏。

战乱给了他出人头地的机会。

陈霸先追随萧衍的侄子、广州刺史萧暎,在岭南一带屡立战功,渐渐发展壮大。萧暎死后,他又以讨伐侯景为号召,带兵北上,先与王僧辩合力打败侯景,不久又攻杀王僧辩,势力独大,最后逼梁敬帝萧方智退位,建立陈朝。

在位2年之后,陈霸先去世,享年56岁。

陈朝的统治,也仅仅延续了32年,就被强大的隋朝征服了。

陈朝灭亡后,万安陵便被掘毁。它的确切所在,也就成了谜团。

在陈朝的五位皇帝中,除了后主陈叔宝葬于洛阳邙山外,其他四人的陵墓均在南京境内。

20世纪60年代,考古工作者在雨花台区西善桥的罐子山北麓发现了一座六朝大墓,陵前石刻已经无存,被认为是宣帝陈顼的显宁陵。70年代,在离此不远的宫山,又发现了一座六朝大墓,推测为废帝陈伯宗的陵墓。

或许,陈霸先的万安陵也在这一范围内。

今天,标志为"万安陵石刻"的这对石兽,相对而立,沉默不语。南面的石兽较为完整,身长2.72米,身高2.28米,颈高1.05米,体围2.56米;北面的石兽已经残缺,身长2.5米,身高2.57米,颈高1.33米,体围2.43米。

它们均为雄性，昂首张口，头有鬣毛，长舌下垂，须髯拂胸，腹侧饰有双翼，长尾曳地，矫健凶猛。

1964年，这对石兽被考古人员从农田中扶正提升，加以修缮。

芳草萋萋，六朝如梦。

第四章　辉煌灿烂的六朝石刻艺术

在漫漫历史长河中，六朝既是一个乱世，也是一个星辰灿烂的时代。

作为珍贵的文化遗产，六朝石刻既是中国的，也是世界的。

它充分展现了这一时代特有的风貌，不仅仅是这个时代的代表性艺术，更折射出六朝的一种内在气质——虽然偏安江南，却不失奋发向上的精神追求。

第一节　六朝石刻艺术的形成

六朝石刻艺术的形成，是当时的思想文化、经济发展、科学技术和审美观念等诸多因素共同影响的结果。

相比于动荡不安的北方，南方虽然也有政权经常更迭、战争不时发生的一面，但总体上社会相对安定。随着北方人民的大批南迁，将先进的科技文化带到南方，令江南的经济得到长足发展。

六朝时期，江南地区的大片荒地被开拓为肥沃的庄园；疏浚水道，开凿运河，提升船只的运输载重能力；矿山被开发利用，冶金技术不断提高，发明了灌钢法，改进了淬火工艺和鼓风技术；筹算统计技术在施工中也得到应用。

东汉时，石兽的高度一般在1米左右；而六朝时，甚至出现了高度在3米以上的大型石刻。

六朝时期，多种思想并存。玄学兴盛，佛教流传，儒家思想虽然有所衰弱，但依然生生不息。正是在这一时期，初步奠定了中国传统思想文化"三教合一"的基础。

也是在这一时期，出现了较为系统的艺术理论，呈现出多姿多彩的艺术创作，深刻地影响了六朝石刻的艺术风格。

六朝时期，谢赫总结出名为"六法"的绘画理论，提倡"气韵生动"的美学原则。顾恺之、陆探微、张僧繇等著名画家，在艺术实践中又形成了各自的风格，或者强调"秀骨清像"，注重"清瘦、苗条、俊秀的美"；或者提倡"画龙点睛"式的笔法，简练疏朗，传神写意。

作为一种"立体"的绘画艺术，六朝石刻深受当时绘画风格的影响，注重形体的塑造、线条的流畅、刻画的细致，既有威武豪迈者，也有清秀玲珑者，和北朝石刻趣味相异。

同时，六朝文学强调音韵排比之美，从肃立如仪的石刻身上也可以看出时代的审美特点。

六朝的上层人士普遍追求享乐，反映在石刻创作中，就出现了优雅繁复、浪漫多姿的艺术风格。同时，佛教的传入，也带来了具有佛教特色的雕塑艺术，与华夏的审美传统相结合，形成了具有自身特点的六朝石刻。

六朝石刻并非横空出现，它的形成、发展与演变，与当时的社会息息相关、互动密切。在美学和工艺两个层面上均超越前代，达到了一个更高的境界。

第二节　六朝石刻的艺术特色

著名美学家宗白华这样评价古希腊的石刻艺术，"它们清丽高雅、庄严朴质，尽量表现和谐、匀称、整齐、凝重、静穆的形式美"。

这句话，同样可以用来形容六朝石刻。

在六朝石刻，特别是石兽的创作中，应用了"虚实结合"的审美原则，不刻意追求形象的逼真客观，而注重内在精神的艺术表现，将"虚"和"实"辩证统一，点、线、面、体交织结构，表现出飞舞生动的整体气韵。"物体形象固宛然在目，然而飞动摇曳，似真似幻。"

六朝的麒麟和辟邪，都是人间并不存在的有翼神兽，在能工巧匠的雕琢之下，体型多样、形态各异，无不活灵活现；双翼纹饰富有变化，有的写实，有的夸张，或者两者兼而有之。

此外，这些石兽有着极具韵律感的"S"形曲线造型，区别于其他任何一个时代的石刻，独树一帜。

六朝的石柱、石碑也独具匠心。石柱荟萃圆雕神兽、浮雕仙人，以及正写或反写的书法艺术于一身；集圆雕小辟邪，浮雕莲瓣纹、交龙纹、绳辫纹，线刻龙凤纹、花草纹，以及隐陷直刳棱纹等于一体，同样体现出当时能工巧匠的高超技艺。

它们安静地伫立在大地之上，又仿佛随时可以发力奔跑。

六朝石刻，主要产生于宋、齐、梁、陈。这四个时期的石刻既有共性，又有一些区别。

刘宋石刻，以初宁陵的一对石麒麟为代表，造型凝重古朴，纹饰较为简单，呈现出这一时期石刻初创时的面貌。

南齐石刻，总体上呈现出灵动秀美的风格。石兽身形变得窈窕起来，强调了曲线美，注重细节的繁复刻画，并且综合应用了圆雕、浮雕和线刻的技艺。

齐高帝萧道成尤其欣赏陆探微"秀骨清像"的画风，这种风格自然影响到南齐石刻的创作。

萧梁时期石刻，现存最多，品种也最丰富。

其特点之一，突出了石刻宏伟豪迈的气势；特点之二，装饰趋向写实，尤其是王侯墓前的辟邪形象，简单大气，以示与帝陵麒麟的区别；特点之三，注重石兽在神态上的配合，雌雄相对而立，雄兽豪壮，雌兽温柔。

萧梁时期的画风，偏向丰满圆润。反映在石刻创作中，

萧景墓石辟邪

建陵石柱座

石兽的造型更为骨劲肉丰。南齐石兽足为四爪，萧梁则足有五爪，这也是一种形体上的变化。

陈朝已是六朝的尾声，假设石马冲石刻为陈朝遗存，在其身上也并未显示出明显的时代倾向。

第三节　六朝石刻与域外文明

提到六朝石刻，就不能忽略它对域外文明的借鉴和发展。

2015年，中国政府正式开启共建丝绸之路经济带和21世纪海上丝绸之路的愿景与行动。

这就是人们耳熟能详的"一带一路"倡议。

中国古代的陆上和海上丝绸之路，前者自汉武帝派张骞出使西域后开辟，以长安和洛阳为起点，经过亚洲腹地和欧洲，以罗马为终点；后者从东南沿海港口出发，向东前往朝鲜半岛和日本，向南经过中南半岛，穿过印度洋，抵达东非和欧洲。

东西方文明，通过"一带一路"而交汇、融合。

考古学家宿白在《考古发现与中西文化交流》中说："任何国家和民族的文化，都不是孤立发展的，都是吸收了邻近国家和民族，甚至较远的国家和民族的文化，作为自己文化发展的借鉴的。"

六朝诸政权尽管偏安南方，但通过海上丝路，与印度、萨珊波斯保存着频繁交往；陆上的交通则是借道青海，从四川沿江而下，到达建康，虽然路途遥远，却不绝如缕。

经由"一带一路"来到中国的，有商人、僧侣、学者，他们带来了域外的货物、书籍、科技，以及宗教、文化和艺术——或深或浅地影响着六朝石刻。

在两河流域，曾经考古发掘了许多有翼石狮。

东汉时期，出现了以狮子作为守门神兽的习俗，其中，显然隐含着西亚文明的因素。进入六朝，有翼神兽成为最具代表性的石刻之一。对此，梁思成、朱偰、李零、罗宗真等学者均认为，它们与西亚文明有着不解之缘，"当自小亚细亚、美索不达米亚传来"。

然而，中国的有翼神兽并非完全"拷贝"西方的"同宗弟兄"，而是与本土文化相融合，并在此基础上有所发展，呈现出典型的中国化特质。

再说六朝石柱，柱身的隐陷直刻棱纹，通常也认为是受到西方建筑柱式的影响，与古希腊神庙石柱有异曲同工之妙。柱额的力士浮雕、柱头的莲花纹饰等，显然杂糅了佛教因素。柱头圆盖上的小石兽，则被认为是借鉴了印度的阿育王石柱柱头雕刻。

与石兽一样，六朝石柱的整体风格仍然是中国化的，通过自身的演变，而完全成为中华文明的有机组成部分。

正如宿白先生所说，"一个国家和民族的文化发展的根据"，"是他们本民族和自己的国家的……成果"；绝不能"过分强调一个国家和民族的文化发展的外来因素"，这是一个原则。

古波斯有翼神兽浮雕

古印度阿育王石柱柱头

古希腊雅典宙斯神庙石柱

第五章　六朝石刻的保护与传承

山冈青翠，石刻斑驳。

经历了上千年的光阴，如今的六朝石刻以沧桑而沉默的姿态呈现在世人面前。

期间，它们遭受着风雨雷电的摧残、人类有意无意地破坏，及至晚清，早已湮没于荒烟蔓草之间，不为人知。

自近代起，在众多有识之士的奔走下，人们开始重新审视六朝石刻的历史和艺术价值。

晚清莫友芝撰写的《金石笔识》和张璜撰写的《梁代陵墓考》，是调查研究六朝石刻的开山之作。

进入民国，朱希祖主编的《六朝陵墓调查报告》，通过细致的田野调查，综合文献资料进行考证，对六朝石刻进行了系统全面的研究，并首次留下了影像资料。同一时期，滕固撰写的《六朝陵墓石迹述略》，应用美术考古学的方法，对六朝石刻追源溯流，逐一分析研究。

1936年，朱偰编著出版了《建康兰陵六朝陵墓图考》，系统介绍了南京、丹阳一带的28处六朝陵墓石刻遗存，并附有100多张图片，图文并茂，灿然可观。

在保护六朝石刻的事业中，朱偰先生是当之无愧的第一人。

他是著名历史学家朱希祖的长子，留学欧洲，回国后执教于南京的中央大学。教书育人的余暇时光，全被他用于调查和保护历史文化古迹了。中华人民共和国成立后，朱偰出任江苏省文化局副局长，为文物保护倾注了毕生心血，虽九死其犹未悔，"长共此文物而长存"。

1944年，德国学者阿尔弗雷德·霍夫曼和女摄影师赫达·莫里逊行走于南京周边的乡村，拍摄了一批珍贵的六朝石刻图片。于次年出版的德文版画册《南京》中，就专门有"六朝陵墓"一章。

赫达，已成为六朝石刻爱好者心目中的"女神"。

此前，法国人维克多·谢阁兰于1909年至1917年间三次来到中国，对包括六朝石刻在内的众多中国古代文化遗址进行了实地考察。

1949年后，六朝石刻的研究与保护工作开启了新的篇章。

20世纪50年代，文物考古部门对南京、镇江等地的六朝陵墓进行了有计划的调查与考古研究，同时加以整修保护，使得湮埋在泥土河塘中的六朝石刻重见天日，逐一提升入座，扶正，接合，箍铁箍，盖亭。这些措施，为后

朱偰先生在野外考察（摘自杨新华主编《朱偰与南京》，南京出版社2007年版）

维克多·谢阁兰（中间站立者）

来的石刻研究与保护工作奠定了坚实基础。

10年"文革",风雨如晦,六朝石刻被视为"四旧"之一,也遭到不同程度的破坏。

改革开放以来,对六朝石刻的研究与保护更上层楼。

1988年,江苏境内现存的"南朝陵墓石刻"被列为第二批全国重点文物保护单位。

伴随着石刻保护技术的发展,文物考古部门采取了锚杆加固、裂缝灌浆、表面用防风化材料封护等措施,遵循不改变文物原状的原则,修缮了一批破损严重的六朝石刻。

对于分布在江南大地上的六朝石刻,一般采取了就地保护的做法,竖立标志石碑、规划保护区域;有些零星散落的石刻,则被移藏于博物馆、博物院等处。

随着经济的飞速发展,在城市化、工业化进程中,六朝石刻身处的环境也在急剧变化之中。在过去的农田上,矗立起一片片高楼厂房;昔日的乡村,如今成了城市的街区。人类的活动,气候的变化,酸雾、酸雨的增多,地震、水灾,等等,无不影响着六朝石刻的安危。

近年来,地方政府和有关部门不断加大对六朝石刻的保护力度。一是对石刻的周边环境进行出新,修建亭子、加盖玻璃罩,例如万安陵石刻、方旗庙石刻、萧宏墓石刻等;二是修缮周边环境,建设绿地,安装摄像探头,例如萧融墓石刻、萧恢墓石刻,以及丹阳地区的石刻等;此外,一些地方构建了田野文物报警员工作网络,定期对石刻进行巡查。

六朝石刻的考古研究与保护，仿佛车之两轮、鸟之双翼。江苏属于历史上的六朝疆域，南京更以"六朝古都"闻名于世。省内的前后数辈学者，踵继朱希祖、朱偰等人的步履，对六朝石刻的历史渊源、遗存现状、艺术成就等进行了详尽的考证阐述，破译了大量历史信息，刷新着人们对六朝石刻以及六朝史的认知。

与此同时，在国内，尤其是江苏，活跃着一群喜爱六朝石刻、为保护六朝石刻而奔走呼号的民间人士。"主题南京"网站及其负责人邵世海、王勘等人，就是其中的代表。他们在工作学习之余，走遍江苏境内的六朝石刻遗存地，通过不断地探访与考察，拾遗补阙，对宣传和保护六朝石刻功不可没。

六朝石刻，充分体现了中华民族创造人间奇迹的想象力和创新精神，是进行爱国主义教育的生动教材。审视当下、展望未来，作为一项综合性工程，对六朝石刻的研究、保护与开发利用，必将书写更精彩的篇章。

君不见，自沪宁高速公路驶近中山门，与南京的第一次邂逅，就是那尊头颅高高扬起、眼神充满自信的辟邪雕塑。

它，象征着积极进取、不屈不挠的精神……

后　记

　　2007年的夏天，笔者与南京大学教师潘志强、萧明文，原《周末》同事周益，冒着暑热走访南京和丹阳的六朝石刻遗存，采写了《江南六朝石刻最新生存现状调查》。文章刊出后，引起一定的反响。

　　10年后，承蒙江苏凤凰美术出版社的抬爱，执笔撰写《六朝石刻》。

　　在本书的撰写过程中，参阅了《资治通鉴》《南史》《晋书》《宋书》《南齐书》《梁书》《陈书》等相关史籍；参考了王仲荦《魏晋南北朝史》、袁英光主编《南朝五史辞典》、川本芳昭《中华的崩溃与扩大：魏晋南北朝》、刘敦桢主编《中国古代建筑史》、杨宽《中国古代陵寝制度史研究》、朱剑心《金石学》、宿白《考古发现与中西文化交流》、王伊同《五朝门第》，以及张璜《梁代陵墓考》、朱希祖《六朝陵墓调查报告》、朱偰《建康兰陵六朝陵墓图考》、罗宗真《六朝考古》、梁白泉主编《南京的六朝石刻》、曾布川宽《六朝帝陵》、林树中《六朝艺术》、罗宗真和王志高《六朝文物》、徐湖平主编《南朝陵墓雕刻艺术》、胡阿祥《六朝政区》、薛冰《南京城市史》、卢海鸣《六朝都城》、陈刚《六朝建康历史地理及信息化研究》、邵磊《冶山存稿》、南京市博物馆《六朝风采》等专著和相关论文。限于篇幅和体例，未能在书中一一标明出处，特作说明并鸣谢。

南京出版社社长、史学博士卢海鸣等相关专家的热心指导，令笔者获益良多，在此谨致谢忱。

书中除有署名的资料图片外，多数图片由"主题南京"网站负责人邵世海友情提供，他和诸多同道对保护六朝石刻倾注的热情和心血，令笔者感动。

资深摄影师冯方宇补充了部分图片，为本书增色不少。另友人王勘、周益也提供了图片，未一一标注，特此感谢。

友人关卫东、左元、于峰、王迅、姜晓娟给予了笔者热心帮助，在此一并致谢。

本书历史纪年采用阿拉伯数字，用中文数字纪月（农历），特此说明。

由于笔者的学力和水平有限，本书难免有疏漏和不足之处，敬请方家和读者批评指正。

薛巍

2017 年 8 月 26 日写于峨嵋新村